태세
전환

성공을 꿈꾼다면

먼저 태도부터 바꿔라

태세
전환

SELF TRANSFORMATION

이시한
×
김진수

빨간토끼
프로젝트

교보문고

CONTENTS

03

Work: 일에서의 태도

언제부터 친하셨어요?

종로의 한 와인바로 초대를 받았습니다. 주체는 '홍쌀롱'이라는 사조직(?)인데, 한번 와서 이야기도 들려주고 사람들도 사귀어 보라는 초대였어요. 마침 책이 나와 홍보 활동에 여념이 없던 저는 이름에서 스멀스멀 우러나오는 위험의 기운을 미처 감지하지 못하고 금요일 어느 늦은 저녁 종로의 와인바로 향했어요.

성비의 불균형이라는 말이 무색하게 10여 명의 여성들로만 이루어진 성비의 무균형 모임이 이미 이루어지고 있었습니다. 작가로 초대받은 저는 제 소개와 여기에 초대받아 기쁘다는 말을 할 시간을 허락받았는데요. 제 말에 집중한 그 1분여가 그 장소가 고요했던 유일한 순간이었을 거예요. "반갑습니다"라는 제 마지막 인사말이 전차 경기의 스타트를 알리는 신호가 되면서 목소리의 데시벨 경쟁이 본격적으로 시작되었습니다. 제 말을 듣겠다고 저를 초대했지만 제 말에 귀 기울이기보다는 자신들의 말을 저에게 들려주거나, 다른 사람들에게 들려주거나, 아니면 아무도 듣지 않지만 계속 무언가를 이야기하는 사람들이 난무했습니다. 왜 이름이 '홍쌀롱'인지 10분만 있어도 알겠더라고요.

각자 한 병씩 가지고 온 와인은 좋은 연료였죠. 그야말로 흥이 없으면 에너지가 빨려서 죽는 죽음의 에너지 좀비 게임이 계속되자, 어디 가서 쉽게 나자빠지지 않는 저의 자세도 점점 (상체와 하체의 각도가 90도가 넘어서 120도에 이르는) 둔각이 되어가고 있었어요.

그때 제 옆에서 계속 말을 걸어주시던 분이, 예리하게 저의 방전 직전의 상태를 알아차리고 조금 있으면 자기 남편이 올 테니, 그분과 이야기하면 된다면서 조금만 버티라고 말해주셨어요. 생각해보면 다른 남자분이 한 분 온다는 게 딱히 희망적일 것은 없지만, 그래도 어떤 변화는 필요했어요. 물론 당시에는 그런 생각을 할 겨를도 없었지만요.

그 말을 듣고 나서 30여 분 뒤에 남편이 등장했고, 그 사람의 정체가 바로 개그맨 김진수였습니다. 제 옆에서 제가 정신을 놓지 않도록 계속 말을 걸어주시던 분은 작사가 양재선이었죠. (둘이 부부란 말이에요.) 관심이 김진수에게 집중되면서 집중포화에서 벗어난 저는 다행히 전투력을 회복할 수 있었고, 그로부터 1시간 정도 후에 모임이 파하면서 부상병이 아닌 멀쩡한 모습으로 걸어 나올 수 있었습니다.

택시를 잡으려고 하자 와인을 마신 와이프를 태우러 왔던 진수 형은 이왕 왔으니 가까운 곳에 살고 있는 저를 데려다주고 가겠다는 호의를 베풀었습니다. 초면에 그런 실례를 할 수는 없다는 생각을 1초도 안 되는 시간에 잠깐 했지만, 그 생각은 워낙 순식간에 지나가서 형체를 알 수 없었고, 입에서는 이미 "땡큐"라는 말이 나오고 있었죠.

사실 저는 종로에 살고 있어서 그리 먼 거리는 아니었지만 진수 형의 집 방향과는 반대여서, 미안한 마음에 집에 도착하자 잠깐 집에 들어와서 잠도 쫓을 겸 커피를 마시고 가라고 권했습니다. 그러자 양식이 있는 부부는 "오늘은 너무 늦었으니 다음에 와서 마실게요"라는 말을 남기고 가셨어요. 보통 그런 말은 그냥 인사치레로 하는 거잖아요. 그런데 바로 다음 주 정도에 정말 커피를 마시러 왔습니다. 그게 바로 진수 형과 제가 만난 인연의 시작이었어요.

빨간 토끼는 도대체 무슨 뜻?

진수 형은 그때 유튜브^{Youtube}에 관심을 가지고 있었고 장현성 배우, 장항준 감독과 같이 〈김장장 TV〉라는 채널을 시작했는데, 기본적으로 네임 밸류 있는 사람들이 재미있게 이야기하고, 장도연, 윤종신 등 초대손님들도 빵빵하게 출연하니 구독자가 꽤 모이는 상태였어요. 그런데 워낙에 바쁜 두 명과 비교적 바쁜 한 명이 채널을 하니 (누가 누군지는 알아서 짐작하시길), 기본적인 촬영 외에는 할 수 있는 일이 너무 제한됩니다. 그게 답답했던 진수 형은 새로운 유튜브를 하고 싶어 했고, 이왕이면 그냥 수다를 떠는 게 아닌 공부가 되고 생활의 자극이 되는 그런 유튜브 채널을 만들었으면 했죠.

그래서 〈시한책방〉이라는 도서 리뷰 유튜브를 운영하고 있던 저와 같이 이런저런 시도를 해보게 되는데요. 처음에는 그냥 둘이 카메라를 돌려보고 결과물을 보자고 생각해서 평소에 친하게 지냈던 위메프오의 하재욱 대표를 초청해서 아이폰으로 촬영을 했습니다. 내용은 무척 재미있었는데, 아무래도 영상의 질이 떨어질 뿐 아니라, 편집의 난점도 있어서 인터뷰를 셀프로 촬영하는 것은 안 되겠다 싶더라고요.

그러다가 촬영을 전담해줄 사람을 한 분 알게 돼서, 하재욱 대표를 다시 불러다가 또 한 번 찍어보게 됩니다. 이번에는 하재욱 대표가 올투딜리셔스의 정한석 대표를 불러서 둘이 같이 찍어요. 그런데 촬영을 해주기로 했던 분이 개인 사정으로 빠지면서, 이번에도 지속가능성의 물음표가 붙게 돼요. 그래서 우리의 유튜브 프로젝트는 약간 미궁으로 빠지게 됩니다.

그러다가 만난 게 지금 제작과 촬영을 전담해주는 제이레파토리의 우상준 대표입니다. 제이레파토리는 직원만 150여 명에 이르는 디지털 마케팅 회사이면서 영상을 전문으로 제작하는 회사로 (어딜 봐도 이익될 것이 없어서) 이 유튜브를 왜 찍겠다고 했는지 도무지 알 수는 없었지만, 혹시 철회할까 봐 저와 진수 형은 우상준 대표와 잽싸게 조인했죠.

그리고 신촌에 마련된 스튜디오에서 매주 한 명씩 인터뷰하게 됩니다. 채널명도 이 무렵에 확정을 지었는데, 〈빨간토끼〉였어요. 제가 토끼를 키우고 있어서 토끼에 대한 호감도가 높았던 데다가, 하얀 토끼들 한가운데 있는 빨간 토끼 한 마리라는 심상이 매우 강렬한 이미지를 전달해서 짓게 된 이름입니다.

저희의 인터뷰 대상은 성공한 사람, 또는 아직 성공했다 말하기에는 이르지만 성공을 지향하는 사람들이었고, 그러기 위해서 열정을 다해 앞으로 나아가는 사람들이었죠. 이런 사람들을 하얀 토끼들 가운데 유난히 눈에 띄는 빨간 토끼 하나로 규정한 것입니다.

수십 마리의 하얀 토끼 사이에 있는 빨간 토끼

그리고 의미가 하나 더 있어요. 성공한 사람이라고 다 비범한 게 아니라, 대부분 평범하지만 그 가운에 하나 정도의 특별한 점을 가지고 있고, 바로 그 점 때문에 성공했다는 것이죠. 이것을 평비점(평범하지만 비범한 포인트)이라고 이름 지었는데, 빨간 토끼는 바로 이 평비점을 상징하기도 합니다. 자신이 가진 여러 가지 평범한 포인트들이 흰 토끼들이라면 그중에 눈에 띄는 빨간 토끼 한 마리는 유난히 빛나는 한 가지 강점을 의미하는 것이죠.

성공하는 사람들의 비밀,
적어도 망하지는 않는 방법

그래서 매주 한 명씩 우리 안에 있는 빨간 토끼를 찾아서 소개하는 작업을 시작합니다. 너무 멀리 있어서 이미 토끼의 털 색도 못 알아볼 정도로 심하게 성공한 사람이 아니라, '어! 저 정도면 나도 할 수 있겠는데?' 정도의 인물을 찾아서 우리 이웃의 성공담이라는 테마를 잡았어요. 그래서 '이건 아무나 못 해!'가 아니라, '나도 한번 해볼까?'라는 생각이 들 수 있도록 구성하고 있습니다.

그래서 중요한 것은 도대체 어떤 점이 '그 사람들을 빨간 토끼로 만들었나?' 하는 하나의 포인트를 찾아내는 것이거든요. 그런데 이런 사람들을 계속 만나면서 알게 된 것은, 성취가 있는 사람들의 특징이 서로 아주 다르지는 않더라는 것이죠. 어느 정도 비슷한 포인트들을 보았고, 어떻게 해야 성공하는구나, 아니면 적어도 어떻게 해야 망하지 않는구나 같은 것들을 매주 배우는 시간이었습니다.

진수 형은 실제로 태국음식 레스토랑을 거의 10여 년간 운영하다가 문 닫은 전력이 있어서 망하지 않는 법에 관해서 매주 감탄하며 듣고 있고요. "이런 것을 알고 시작했으면 지점 300개를 가진 태국음식 레스토랑 프랜차이즈까지는 안 가더라도, 적어도 지금까지 운영은 할 텐데…" 하면서 안타까움도 가끔 표현합니다. (사실 매주 그래요.)

그러다가 생각한 거죠. 이런 것들을 더 많은 사람에게 알리면 실패의 확률을 줄이고 성공의 가능성을 높일 수 있지 않을까 하고요. 생각해보면 유튜브 채널이 사실 그래서 하는 거잖아요. 그런데 거기 나오는 분들의 인터뷰가 다 개별적으로 존재하다 보니까, 한눈에 정리가 안 되는 면이 있습니다. 사례들은 다양하고 생생하게 나열되는데 한눈에 들어오게 정리되지는 않아서, 이것을 책으로 정리하고자 생각한 것입니다. 우리가 알고 싶어 하는 것들을 일목요연하게 볼 수 있게 말이죠. 그 결과물이 바로 여러분이 손에 들고 있는 이 책입니다.

성공하는 사람들의 비밀, 그들이 가진 특징, 자신의 가치를 끌어올린 사람들이 지키는 것 등을 정리해서 여러 사례와 함께 보여드리고자 하니, 부디 많은 분들에게 좋은 영양분이 되기를 바랍니다.

태도를 바로 하다

저희가 빨간 토끼들의 인터뷰를 들으며 흰 토끼와 빨간 토끼를 가르는 DNA를 몇 가지 찾아내었는데, 그중에서도 가장 다른 것, 그래서 가장 먼저 하고 싶은 이야기는 바로 태도에 관한 것이었습니다. 태도는 마음가짐이면서, 준비 상태, 그리고 자신의 기조이며 입장입니다. 애티튜드attitude나 매너manner일 수도 있고, 스탠드stand일 수도 있어요. 그리고 스피리트sprit라는 뜻도 살짝 담고 있죠.

'태도를 바로 하다'는 것은 얼핏 육체적인 가다듬음을 뜻하는 것으로 보이지만, 사실은 마음가짐에 관한 이야기이기도 하죠. 이 태도를 스스로에게 적용하면 삶에 대한 자신의 태도를 생각해볼 수 있어요. 그리고 나를 확장시켜서, 나와 타자들을 모두 포함하는 범위가 바로 사회에 대한 태도가 되죠. 그리고 그런 태도를 가지고 자신이 할 수 있는 일에 집중하고 사회의 가치를 더하는 일에 헌신하는 것이 자신의 일에 대한 태도입니다. 이런 태도의 차이가 빨간 토끼들의 내부에서 매우 빨갛게 빛나고 있었습니다.

그래서 이 책을 통해서 어떤 태도와 자세를 가져야 하며, 그리고 그런 것들이 구체적으로 어떻게 작용하고, 또 우리가 그것들을 의식적으로 획득할 수 있는 프로세스에 관해서 실용적인 부분까지 알아보고자 합니다.

즐겁고 유익하고, 그리고 무엇보다 가치 있는 시간이 되시기를 바랍니다.

태도를 바꿔서 성취에 이르는 사람들

● 추신

이 책은 아무래도 개인의 경험이 사례로 드러날 수밖에 없는 책인데, 이시한과 김진수의 공동작업이다 보니 서술의 시점에 따라 개인의 경험이 조금 다르게 나타나는 파트들이 있습니다. 자신의 경험을 가지고 진솔하게 적는 편이 낫다고 생각해서 채택한 방법이니, 시점이 다소 진동하더라도 참고해서 보아주시면 감사하겠습니다.

Life

: 삶의 태도

놀랍게도 사람들은 삶에 대한 자신의 태도에 관대해서 거의 생각해 보지 않습니다. 삶의 태도는 기본적인 반응의 자세입니다. 환경, 조건, 기술, 시대의 변화에 따른 자신의 대응 자세가 디폴트 값으로 설정되어 있는 것이 삶의 태도죠.

이 삶의 태도가 설정되어 있으면 매번의 변화에 대해서 머리를 싸매며 어떻게 대응해야 할지 고민할 필요가 없어요. 자동 대응장치가 있는 셈이니, 자연스럽게 반응할 수 있고, 또 때를 놓치지 않고 대비할 수 있죠. 어떨 때는 변화가 시작되기 전에 변화를 준비하면서 선제적인 승기를 잡을 수도 있습니다.

자기 삶의 태도를 설정하는 것은 가장 먼저 할 수 있는 일입니다. 자신의 생각과 가치, 결심과 의지에 달려 있는 거니까요. 그런데 자기 내면에서 일어나는 변화이기 때문에 자신이 컨트롤할 수 있다는 점에서는 가장 쉽게 할 수 있는 일 같지만, 달리 생각하면 세상에서 가장 힘든 일일 수도 있어요. 자신이 생각하는 가치와 관점을 바꿔야 할 수도 있는 것이니까요.

하지만 세월은 흘러가고, 세상은 변하고, 시대는 바뀌어 갑니다. 지나간 시절에 자신을 빛나게 했던 태도가 여전히 유용한 것은 아닐 수 있죠. 불과 몇 년 전에 통용되었던 상식이 금방 지나간 이야기가 되고, 몇 년 전에 생각했던 가치가 그새 낡은 관점이 됩니다.

환경 변화와 밀접한 관련을 맺는 지금에 맞는 태도가 늘 필요합니다. 자신의 가치, 생각, 관점, 지향 등을 항상 지금에 맞추기 위한 자동항법장치가 자기 삶의 태도를 그에 맞게 조율하는 것이죠. 이 장치는 때로는 미래를 가리키기도 하고요.

그래서 가장 먼저 자기 삶에서 어떤 태도를 가지는 것이 성취의 비결이 되는지 생각해보았습니다. 여기서는 삶의 태도에 관해서 이야기하고자 합니다.

01 | 안정 지향적 태도에서
변화 지향적 태도로

변화는 가속을 넘어 워프의 속도로

어제와 같은 오늘, 오늘과 같을 내일은 마음의 평화를 줍니다. 두 달 후의 넷째 주 월요일, 오후 2시쯤 자신이 무엇을 하고 있을지 어느 정도 예측이 되는 세상은, 갑자기 생기는 돌발 상황의 스트레스가 거의 없는 세상인 거니까요. 하지만 이제 이런 세상은 유니콘과 마찬가지죠. 환상 속의 이야기일 뿐입니다. 사실더 정확하게는 공룡이라는 표현이 맞겠네요. 유니콘은 옛날에도 없었지만, 공룡은 옛날에는 있었거든요. 어느 정도 예측 가능한세상은 예전에는 있었을지 몰라도 지금은 없어졌습니다. 변화가가속화된 요즘에는 내일이 오늘과 같을 것이라는 확신이 사라진지 오래거든요.

새로운 기술이 등장해서 비즈니스의 방향을 순식간에 바꿔버리고, 갑자기 튀어나온 감염병으로 국가 간 이동이 막히기도 합니다. 인류가 역사를 기록한 이래 지구상 어딘가에서는 늘 전쟁 상태였지만, 지금처럼 지구 반대편의 전쟁이 우리에게 유가나 생필품, 농산물이나 자원 차원에서 큰 영향을 끼칠 때는 없었습니다. 그것도 거의 실시간으로 말이죠.

다른 국가에서 일어난 자연재해나 선거 결과가 생각지도 않게 지금의 우리에게 사회적, 경제적 영향을 미칩니다. 이제 경제 전문가나 주식 전문가들은 기상예보관과 비슷해졌습니다. 미래 예측을 하긴 하지만 잘 맞지 않거든요. 워낙 많은 변수들을 고려해야 하는데, 슈퍼컴퓨터를 동원해도 그 많은 변수를 다 고려할 수는 없습니다. 아이러니하게도 기술이 발달하고 아는 게 더 많아질수록 미래는 더욱더 불투명해지는 겁니다.

게다가 어제는 맞고, 오늘은 틀리고, 내일은 아예 없어지는 것들이 비일비재합니다. 자고 일어나면 세상이 바뀌어 있어요. 이게 그냥 수사적인 표현이 아닌 것이, 우리가 자고 있을 때 서양 쪽 친구들이 자꾸 새로운 기술을 발표하거든요. 변화는 가속 수준을 넘어 워프에 가까운 속도로 일어나고 있어요. 중간 단계가 없이 훅훅 가버립니다.

변화는 괜찮아, 우리가 문제지

이런 변화에는 큰 문제가 없습니다. 문제는 우리에게 있죠. 분명 변화의 시대라는 체감은 있지만, 그에 맞는 자세는 갖추지 못하고 있거든요. 몸과 마음이 과거를 그리워해서 자꾸 평화의 상태를 지향합니다. 하던 대로 열심히 하고, 성실하게 매뉴얼만 지키면 어느 정도의 성공과 안정이 보장되던 시기에는 '성실'과 '노력' '끈기'가 굉장한 미덕이었습니다. 어떤 분야든 이 세 가지 트리오만 있으면 성취를 어느 정도 낼 수 있었어요.

하나를 지속적으로 꾸준히 하는 것이 경쟁력이었던 시대에는 한 분야의 장인이 되면 그 기술과 전문성을 충분히 인정해 주었습니다. 먹고사는 데 지장은 없었던 거죠. 하지만 그것은 그만큼 사회와 시대가 안 바뀔 때의 이야기입니다. 예를 들어 운전의 달인들이 가진 운전 기술은 앞으로 다가올 자율주행 시대에는 쓸데없는 기술이 되고 맙니다. 무형문화 계승자로서의 운전 기술이 남아 있을 수는 있겠지만, 자율주행이 발달해서 안전과 효율을 담보하는 시대가 되면 사람이 운전하는 것은 불법이 될 수도 있습니다. 사람이 운전하는 차는 예측이 불가하고, 또 전체 시스템에서 관리되지 않는 위험 요소가 되니까요.

조금 더 들어가면 자율주행차 시대에는 개인이 차를 보유할 필요성이 현저하게 줄어들어요. 특히 도시에서는 차를 사봤자, 대부분의 시간을 주차장에 세워둡니다. 보험료, 주차비, 감가상각비 등 돈은 계속 빠져나가는데, 이렇게 돈을 들여 차를 보유하는 이유는 필요할 때 편하게 이용하기 위해서잖아요. 그런데 자율주행차 시대에는 공유차 시스템이 발달해서 스마트폰이나 AI artificail intelligence: 인공지능 비서를 통해 예약한 차가 정확한 시간에 도착해서 필요한 만큼 이용하고, 그에 비례해서 요금을 내게 해줍니다. 비용적으로도 시간적으로도 이게 더 효율적입니다. 차는 소유하는 것이 아닌 공유하는 것이 되죠.

이런 미래에 예상되는 변화는 단순히 운전기사분들의 일자리가 없어지겠다 정도가 아니에요. 개인이 공유차를 가꾸거나 정비할 필요는 없으니까 동네 세차장이나 카센터의 필요성이 줄어듭니다. 공유차 업체에서 한꺼번에 세차하고 정비하는 방식이 되거든요. 그리고 택시를 탈 때 손님이 보험에 들지 않는 것처럼 공유차에 대한 보험은 개인의 몫이 아니게 됩니다. 당연히 보험회사의 큰 수익원인 자동차 보험에 대한 수요도 줄어들어요. 그리고 자동차 액세서리를 만드는 중소기업이나, 주차장 사업을 하는 회사들 역시 수익모델이 사라질 것입니다.

자율주행차의 미래에 관해서 그것이 오지 않는다고 하는 사람은 거의 없습니다. 사람의 개입이 필요 없는 완전자율주행 단계인 레벨 5의 자동차가 언제 올지에 관해서 이견이 있을 뿐이죠.

샌프란시스코에서 무인으로 24시간 운영되는 로보택시[3]

참고로 현재 샌프란시스코에서는 자율주행 로보택시가 상업적으로 운행하고 있고,[1] 한국은 2027년까지 레벨 4단계의 자율주행차를 구현할 계획이라고 합니다.[2] 그러니까 조금 더 적극적으로 해석하자면 보험회사가 개인들에게 자동차 보험을 팔 수 있는 시기가 10~20여 년밖에 남지 않았다는 거예요.

변화의 기류가 흐르는 직장생활

가속화된 시대를 예측하고 행동해야 하는 것은 기업가나 자영업자들뿐만이 아닙니다. 직장인도 마찬가지인데요. 이제 한 회사에 오래 다니면서 퇴직을 맞는다는 것은 《조선왕조실록》에

나 쓰여 있는 이야기가 되어가고 있습니다.

대기업들은 공채를 폐지하고 수시채용을 하는 추세입니다. 매년 일정한 수와 수준의 신입사원이 필요하다고 예측할 수 있는 시대가 아니라서, 그때그때 상황에 맞게 신입사원의 수를 조정하고, 필요한 신입사원의 직무를 맞추겠다는 것이죠. AI 분야의 사업을 새로 시작한다면, AI 관련 인력을 신입사원으로 뽑겠다는 것이 수시채용입니다. 그래서 예전 공채 때는 제네럴한 인재를 뽑았다면, 수시채용이 되면서 스페셜한 인재로 포커스가 이동한 거예요.

직장에서는 이런 경향성이 이직의 보편화라는 현상으로 나타납니다. 한 직장에 공채로 입사해서 충성을 바치고, 결국 임원까지 해내는 성공의 트랙은 이제 없습니다. 일단 회사에서 공채를 없애버렸으니까요. 줄 하나 잘 잡아서 라인을 통해 살아남는다는 개념도 이제는 쉽지 않죠. 위에서 끌어주는 임원조차 외부에서 스카우트되어서 들어온 인사니까, 당연히 회사 안에 자기 라인이 없어요. 외부 출신의 임원에게는 누군가에게 빚을 갚아야 할 인지상정의 채무가 없고 오로지 실적에 대한 압박이 있을 뿐이거든요. 그래서 이들은 과감한 일을 하기에 적합하기도 하고요.

일반적인 직장인들의 승진이나 연봉 인상은 윗사람에게 잘 보여서 인사고과를 잘 받는 데 있지 않고, 이직을 통해서 자신의 몸값을 뻥튀기하는 것에 달려있습니다. 또 그래야 확률도 높고 연봉 인상의 폭도 클 수 있어요. 그러니 젊은 직장인들의 관심은 회사의 관례나 회식 참여를 통해 상사와 우의를 다지는 일보다 자신이 몸담은 프로젝트를 성공시켜 경력을 쌓거나, 꾸준한 자기 계발을 통해 자신의 능력 자체를 향상시키는 데 있습니다.

이직하기에 가장 좋은 때는?

이직을 고민하는 사람들을 전에 없이 많이 봅니다. 예전에는 직장에서 문제가 생겨 버티기 힘들거나 승진 또는 성장에 한계가 보일 때 이직을 고민하는 경향이 있었다면, 지금은 입사하는 날부터 이직에 대한 고민이 시작됩니다. 이직은 탈출구가 아닌, 그저 다음 단계인 거니까요.

그런 면에서 이직하기에 가장 좋을 때는, 이직하기에 가장 적절하지 않다고 생각할 때입니다. 이직하는 것이 아쉽고, 굳이 그런 필요가 없는 때라는 것은 결국 지금 자신이 속한 직장에서 잘나가고 있다는 뜻이거든요. 지금 에이스로 인정받고 있는데, 연봉 약간 높여준다고 괜히 낯선 곳으로 가서 고생할 필요가 없는 거죠. 하지만 바로 이때가 자신의 가치가 가장 높을 때입니다. 지금 직장에서 가장 빛날 때가 사실은 다른 기업에서도 눈독 들이는 때인 거죠.

보통은 지금 있는 곳에서 한번 꺾어지고 주목도가 떨어질 때 이직을 생각하게 마련인데, 그 이야기는 자신의 필요성이 급감했다는 뜻이거든요. 그런데 이런 느낌은 다른 직장에서도 마찬가지가 됩니다. 스카우트로 데려올 정도면 그만큼의 기대와 가능성을 믿고 있다는 것인데, 그 부분을 충족시키기 어려울 수 있어요. 1년 안에 그 기대감을 충족시키지 못하면 밀려나기 쉽고요.

프로 스포츠 선수들을 생각해보면 됩니다. 다른 곳에서 잘나가는 선수를 데려와야 기대감이나 기회 같은 것이 적절하게 주어지죠. 한두 번 실수해도 기다려줄 수 있습니다. 손흥민 선수가 독일에서 영국으로 처음 왔을 때 1년간은 리그 적응 실패로 힘들었거든요. 다시 독일로 가느냐를 고민할 때, 토트넘의 포체티노 감독이 손흥민의 독일 복귀를 막고 영국에서 다시 한번 기회를 주었습니다. 손흥민은 그 기회를 잘 살려서 지금처럼 월드클래스로 발돋움하게 되었어요. 손흥민이 독일에서 보여준 골에 대한 퍼포먼스가 있었기 때문에, 두 번째 기회가 주어진 거였어요.

그렇기에 이직하기 좋을 때는 이직이 필요 없고, 남들이 들으면 "아니 왜 지금?" 할 때가 좋을 수 있습니다. 자신의 비전과 하고 싶은 일, 그 외 다른 기업의 잠재력 등을 종합해서 한발 빠르게 움직일 필요가 있다는 이야기입니다.

80 대 20의 법칙

당연히 비즈니스나 우리의 삶에 대한 자세도 그렇습니다. 안주하는 태도로는 지금의 시대에 살아남을 수가 없습니다. 끈기와 성실이 필요한 때가 아니라, 끊기와 성장이 필요한 때예요. 조금 이르다 싶을 때 바꿔야 하고, 지금 하는 일에서 잘나간다 싶을 때 다른 것은 무엇이 있을지 같이 고민해야 합니다. 비즈니스 하는 사람이라면 5년 후에는 완전히 다른 일을 하고 있어야겠다는 생각으로 새로운 일들을 찾아야 하는 거죠.

그러기 위해서는 대응하는 태도에서 예측하는 태도로 전환이 필요합니다. 사건이 벌어지고 난 후에 거기에 대응하는 것도 중요하지만, 아무래도 효과성은 떨어지게 되어 있습니다. 그러니 그 일이 일어나기 전에 먼저 움직여야 하죠.

자신이 하는 일을 한 번에 전환할 필요는 없어요. 제가 추천하는 방법은 80 대 20의 법칙입니다. 지금 돈을 벌게 해주고, 당장 쓸모가 있는 일에 80의 에너지를 투입하고, 지금은 별 쓸데 없고 시간 낭비처럼 보이는 일에 나머지 20의 에너지를 투입하는 것입니다. 단 쓸데없어 보여야지, 실제로 아무 쓸데가 없는 일이면 곤란할 수는 있죠. 지금 당장은 돈이 되는 것은 아니지만, 앞으로는 잘될 것 같은 예측이 있으면 됩니다.

하지만 이 '쓸모'라는 것은 미래에 생기는 것이어서, 실제로 미래가 될 때까지는 알 수가 없어요. 자신의 예측과 다르게 실제로 쓸데 없는 일이 될 수도 있는 거죠. 그래서 20인 겁니다. 실패해도 타격이 크지 않고, 어차피 80의 일이 중심을 잡아주니, 다음에 다른 도전을 할 수 있는 여력이 충분한 수치예요.

그럼에도 20의 에너지를 효과적으로 쓰고 싶다면, 예측력 자체를 높이면 됩니다. 그래서 새로운 기술이 나왔을 때 그 기술이 미치는 파급 효과, 생활 패턴의 변화 양상 등을 예측하고 비즈니스 환경 변화에 대한 상을 잡기 위해 많은 정보를 접하고 인사이트를 얻기 위해 노력해야 합니다.

하지만 반드시 적중하지 않더라도 한 분야에 대한 노력은 여러 가지로 보상받을 여지가 있어요. 우선 어떤 분야의 '덕후
한 분야에 열중하는 사람을 가리키는 일본어 '오타쿠'를 한국식으로 부르는 말 수준'의 전문성은 언젠가는 빛을 발할 수 있는 여건이 마련된 시대거든요. 건담이나 철도에 관해 일반인이 보기에는 비정상적일 정도로 열정을 가진 사람들이 예전에도 있었지만, 그때는 이들을 '덕후'라고 부르고 사회 부적응자 취급을 하기도 했었습니다. 하지만 이제는 이들의 덕후력을 전문성이라고 부르고, 그것이 성공의 열쇠가 되는 시대가 온 거예요. 그런 변화의 추동력에는 유튜브 같은 1인 미디어 기술들이 자리 잡고 있죠. 자신의 덕후력을 손쉽게 다른 사람들에게 전달할 수 있고, 한국에서만 모으면 한정적인 취향 동료들을

전 세계적인 차원에서 모을 수 있습니다. 유튜브는 다양한 콘텐츠를 보유하고, 콘텐츠 공급자들은 자신들의 전문적인 콘텐츠로 돈을 벌게 된 이 프로세스는 수많은 전문가들을 양산해내고 있습니다. 한 가지 분야에 대한 집중력과 열정이 보상받을 수 있는 시대가 된 거죠.

개발자에서 덮밥집 사장으로의 변화

중요한 것은 변화에 대한 태도입니다. 변화가 싫고 어색하고 하기 힘든 것이라는 생각이 들수록, 그리고 지금 하고 있는 일이 잘되고, 자신이 처한 상태가 괜찮을수록 사람들은 변화에 대해 소극적이고, 심지어 부정적인 마음을 가지게 됩니다. 변화가 싫으니 변화가 일어나지 않을 것이라는 염원을 갖게 되는데요. 이것은 자신의 시야만 가리면 독수리의 위협이 사라질 것이라고 생각해서 볏짚에 머리를 처박은 닭이나 마찬가지의 태도입니다. 변화에 대해서 선제적으로 대응하고 미리 적응하는 태도로 전환하는 일이 지금은 꼭 필요합니다.

도제식빵과 도제 유부초밥으로 유명한 올투딜리셔스의 정한석 대표는 원래 서울대 컴퓨터공학과를 졸업한 개발자 출신입니다. 10여 년간 이베이코리아나 네이버 등을 다닌 진짜 판교맨이었죠. 그런데 F&B food and beverige: 식음료에 관련한 개발을 하던 중 흥미와 관심을 가졌고, 결국 개발자를 과감하게 그만두고 판교에 작은 덮밥집을 차립니다. 당연히 주위에서는 '지금 잘나가고 있는데 굳이 왜?'라는 반응으로 뜯어말렸지만, 정한석 대표는 변화 이전에 빠르게 움직인 거예요. 처음엔 힘들었지만 입소문이 좀 나면서 백화점에서 입점 제안이 들어오고, 그 기회를 살려 대대로 망해가던 자리에서 대박을 내게 됩니다. 그것이 바로 도제 유부초밥의 시작이었어요. 큰 유부초밥 위에 다양한 토핑을 얹어서 마치 요리 같은 느낌과 맛을 내는 그런 유부초밥 있잖아요. 그것이 바로 도제가 제일 먼저 개발해서 상품화한 것입니다.

정한석 대표가 과거에 사업을 하거나 식당을 해본 것은 아닙니다. 다만 개발자로서의 한계, 그리고 어떤 변화에도 외식업은 계속될 것이라는 확신, 오히려 사회가 고도화될수록 외식 비즈니스는 더 클 수 있다는 여러 가지 가능성을 보고 과감하게 인생을 전환한 것이죠. 그 도전이 순탄하지만은 않았습니다. 개발자로서 늘 대접받고 존중받는 일을 하던 사람이, 보자마자 하대부터 하는 손님, 말하기도 귀찮다고 턱짓으로 지시하는 손님들을 겪으며 처음에는 상당히 서글프기도 했다고 해요.

하지만 진짜 마음의 위기는 매출이 생각보다 안 나올 때였죠. 직원들이 한꺼번에 다 매장을 그만두는 일도 있고 해서 그

도제의 대왕유뷰초밥4

야말로 패닉 상태에 빠졌는데, 결국 스스로 생각한 끝에 알아낸 것은 자신이 여전히 책상물림이었다는 사실입니다. 컴퓨터를 앞에 낀 채 계획을 세우고 마케팅할 생각만 했지, 매장에서 청소하고 서빙할 생각을 하지 않았다는 거예요. 이를 깨닫고는 정말 아주 처음부터 시작한다는 마음으로 청소, 서빙, 요리 등 가리지 않고 힘든 일들을 솔선수범해서 하기 시작한 겁니다. 그러다가 일 매출 300만 원이 포스기에 찍힌 날, 감격의 눈물을 참지 못했다고 하죠. 지금 올투딜리셔스는 도제식빵이나 유부 빚는 마을이라는 프랜차이즈 브랜드까지 확장하고 임직원 300여 명에 연간 매출액이 250억 원에 이르는 종합 식품 기업으로 거듭나 있는데요. 이 모든 것이 판교의 덮밥집으로 창업한 지 10년도 안 되어서 일어난 일입니다. 지금도 정한석 대표는 판교 덮밥집 당시의 간판을 대표이사실에 놓아두고 보면서 초심을 되새기고 있어요. 물론 그 간판을 보면서 자신의 성취를 흐뭇해하는 것도 있겠죠.

선제적으로 변화에 대처하기

그런데 만약 정한석 대표가 유부초밥은 먹는 것으로 충분하다며 창업의 길을 택하지 않고 개발자의 길을 계속 갔다면 어떻게 되었을까요? 그건 모르는 일입니다. 승승장구했을지 그 반대일지는 모르지만, 아마 잘되었을 겁니다. 손댄 분야에서는 그것이 개발이든 청소든 최선을 다해 일인자가 되자는 그의 마인드가, 그를 실패의 길로 인도하지는 않았을 거예요. 하지만 이왕 최선을 다해 일인자가 되는데 그것이 자기 사업이라면 훨씬 효과적일 것입니다.

정한석 대표가 개발 일을 그만둔 2014년 이후로 IT^{informa-tion technology: 정보기술} 쪽은 너무나 급격한 변화를 겪었기 때문에, 이 환경에서 개발자로 계속 살아남으려면 자신의 비즈니스를 운영하는 노력 이상의 노력을 쏟아부어야 했습니다. 4차 산업혁명, 자율주행, 메타버스, NFT^{non-fungible token: 대체 불가능한 토큰}, 생성형 AI 등 IT계의 이슈가 끊임없이 있었고, 그에 필요한 개발자의 잠과 눈물은 인간 한계점 이상의 소모를 요했습니다. 그러니까 개발자로 생존하기 위해서는, 사장이 되어서 자신의 비즈니스를 운영하는 것 이상의 노력이 필요한 시대였다는 것이죠. 그런데 그렇게 같은 양의 땀이 필요하다면 그것을 월급쟁이로서보다는 사장으로서 흘리는 게 낫죠. 월급쟁이의 땀은 그냥 노동이지만, 사장의 땀은 성장의 자양분이거든요.

지금 돌아보면 당연한 선택 같아 보이지만 정한석 대표가 개발자 일을 그만두고 식당을 창업한 2014년에는 이 선택이 그렇게 일반적이지는 않았을 겁니다. 하지만 이왕이면 자신이 하고 싶은 일을 하고, 미래를 생각했을 때 조금 더 가능성 있는 일을 하자는 태도의 변화가 세상의 변화에 선제적으로 대응하게 만들었고 지금의 성공을 이루어내는 초석이 된 것이죠.

변화 지향적 태도로 전환하기 위한
4단계 프로세스

변화를 예측하고 선제적으로 대응하는 프로세스를 생활화하기 위해서는 몇 가지 먼저 필요한 일들이 있습니다. 이를 4단계로 정리해보았습니다.

1	변화가 온다고 전제하고 살아가기
2	변화를 알려주는 지표들 활용하기
3	인사이트를 자극하는 만남
4	20의 힘으로 가볍게 한번 해보기

❶ 변화가 온다고 전제하고 살아가기

변화 대응적 태도보다는 변화 지향적 태도를 가지는 편이 좋습니다. 변화가 아직 없지만 있을 것이라고 전제하는 것이 바람직하다는 거죠. '대비'라는 것은 그것이 시작되지 않았을 때 해야 가능하지, 막상 시작된 뒤에 하면 그것은 '대응'이 됩니다. 대비에 비해 대응은 효과적이지도, 선제적이지도 않습니다.

새로운 기술이 나오고, 없던 정책이 만들어지고, 사람들의 트렌드가 바뀌는 것들이 결국에는 자신의 생활이나 비즈니스에 어떤 영향을 줄 수 있다고 생각하고, 그에 관해 예측을 해봐야 합니다. 사실 변화에 민감한 센스를 가지고, 변화가 있다 싶을 때 빠르게 선제적으로 대응하는 것이 진짜 효과적이지만, '센스를 가지라'는 것은 조언이 아니죠. 그건 타고나는 거잖아요. 책에 적힌 스킬을 몇 가지 따라 해서 생길 정도의 센스라면 사실 경쟁력 있는 센스라고 할 수는 없을 겁니다.

그렇다면 더욱더 현실적인 조언은 '센스를 가져라'라는 것보다는 모든 상황이 변화를 가져올 것이라고 아예 상시체제를 가동하라는 것입니다. 아침 공기와 습도를 느끼며 비가 올지 안 올지 예측해서 우산을 챙기는 것보다, 늘 가방 속에 우산을 가지고 다니면 비가 올 때는 언제나 우산을 펼 수 있습니다.

그러니 처음부터 변화는 늘 미래와 세트로 배달되는 패키지고, 다음 달은 이번 달과 다를 것이라는 전제를 가지고 살아가는 것이 현실적인 자세입니다. 변화에 수동적으로 대응하지 말고, 처음부터 변화를 지향하고 적극적으로 먼저 나서라는 것이죠.

❷ 변화를 알려주는 지표들 활용하기

오늘날의 변화는 혼자 힘으로 예측하고 감당하기 힘듭니다. 그래서 변화에 대한 지표와 정보들을 많이 활용해야 합니다. 책을 읽는 것은 굉장히 좋은 방법이고 예전부터 검증된 방법입니다. 일론 머스크Elon Musk나 빌 게이츠Bill Gates, 마크 저커버그Mark Zuckerberg처럼 사회적 성취가 있는 사람들이 다독가라는 것은 결

비즈니스 가방에 늘 들어 있는 우산

코 우연이 아닙니다. 하지만 책을 읽을 여건이 안 된다고 하면 유튜브나 포털 같은 인터넷 매체를 활용하는 것도 좋은 방법입니다. 중요한 것은 이렇게 해서 얻는 정보들이 다양한 폭을 보여주는 것입니다. 스포츠 하이라이트, 드라마 행복회로 돌리기 같은 영상 콘텐츠가 나쁘다는 것이 아니라, 이런 것만 보는 시청 습관이 나쁘다는 것입니다. 다양한 카테고리에서 다양한 내용을 접해야 미래를 예측하는 데 도움이 될 것입니다.

그리고 또 한 가지는 인사이트를 같이 전하는 정보를 활용하라는 것이죠. 그 인사이트에 무조건 동의할 필요는 없고, 사실 그래서도 안 됩니다. 지금 일어난 사건이나 현상이 미래에 어떤 영향을 미칠까에 관한 인사이트는 거기에 동의하든 하지 않든 간에 자신에게 자극을 줄 수 있습니다. 동의하지 않는다는 것은 자신에게 다른 생각, 다른 미래에 관한 그림이 있다는 것이니까, 어쨌든 미래에 대해 생각한다는 뜻이거든요.

❸ 인사이트를 자극하는 만남

　다양한 사람을 만나는 것은 여러 가지 면에서 바람직합니다. 견문을 넓힐 수 있고 모르는 분야를 알게 되는 기회가 될 수 있죠. 그리고 사회적 네트워크 형성에도 도움이 되고요. 불편함은 처음 만날 때의 낯섦인데, 이런 기회를 자주 가지다 보면 그 낯섦까지도 익숙하게 처리할 수 있습니다.

　물론 잘못된 사람을 만날 수도 있고 시간 낭비 같은 만남도 그 안에 섞여 있겠지만, 다음에는 그런 만남이나 사람을 가려낼 수 있는 눈을 길러준다는 면에서 도움이 됩니다. 늘 익숙한 사람들, 익숙한 대화들에 둘러싸여 있으면 자신의 인식과 생각은 발전할 기회를 얻지 못합니다. 호기심에 자극이 되는 만남, 헤어질 때 새로운 분야의 정보를 얻었다는 충만감으로 뿌듯한 만남, 잠자리에 들었을 때 인사이트를 얻었다는 생각이 들어서 뿌듯한 마음이 드는 그런 만남을 피하지 말자는 겁니다.

❹ 20의 힘으로 가볍게 한번 해보기
　자기 생활이나 비즈니스에서 어느 정도 예측되는 것이 있다면, 무엇이든 일단 시작해보는 것이 좋습니다. 이때 중요한 것은 사생결단하는 의지와 완벽한 계획을 가지고 시작해서는 안 된다는 것이죠. 그러면 돌아올 수가 없고 수정할 수도 없거든요. 유튜브를 하려고 비싼 카메라를 사고 스튜디오 인테리어 공사를 할 필요는 없다는 겁니다. 일단 가볍게 시작해보며 상황과 결과와 반응을 살핍니다. 그리고 TPO(시간time, 장소place, 상황occasion)에 맞게 수정해 가는 것이 훨씬 효과적입니다.

그 과정에서 지금 시작한 일이 잘 안되거나 너무 이른 시기에 시작했다는 것을 알게 될 수도 있습니다. 다른 말로 하면 실패한다는 것인데, 그 실패가 완전한 허무함과 낭비를 일컫는 말은 아닙니다. 케이팝K-Pop을 대표하는 두 이름 박진영과 방시혁은 모두 JYP와 하이브라는 기업의 대표 프로듀서죠. 이들은 원래 오래 같이 일을 한 사이입니다. 박진영이 설립한 JYP에서 방시혁이 프로듀서로 거의 20년쯤 일했으니까요. 박진영과 방시혁은 2003년에 케이팝의 미국 진출을 선언하고 미국에 가서 데모 곡의 CD를 같이 돌렸습니다. 둘은 한국에서 이미 탄탄하게 자리 잡은 사람들인 데다가, 저작권료 수입도 따박따박 들어오는 사람들이라, 이런 시간 투자가 아주 부담되는 것은 아니었죠. (이때 둘이 같이 살면서 박진영의 양말을 포개서 벗어놓는 습관 때문에 빨래를 담당하던 방시혁이 화를 내고 서울로 돌아갔고, 이것이 나중에 하이브로 독립하는 계기가 되었다고 하죠.) 어쨌든 그때 곡이 하나 팔려서 박진영은 JYP USA까지 설립해서 사업을 크게 벌였다가, 2008년에 금융위기가 발생하면서 결국 몇십억 원의 손해를 보게 됩니다.[5]

　이 경험이 여기서 그쳤으면 그냥 돈 많은 사람들의 철없는 이야깃거리로만 남았겠지만, 이때의 경험이 자산이 되어서 훗날 방시혁은 방탄소년단이라는 글로벌 보이그룹을 론칭하게 되었고, 박진영은 트와이스의 글로벌 히트나 니쥬라는 일본 현지화된 케이팝 그룹을 만들 수 있게 됩니다. 케이팝의 외국 진출은 방향은 맞았는데 시간이 일렀던 것뿐입니다. 그것을 진작 경험해서 실패까지 한 번 맛보았던 이들이 타이밍이 맞을 때 다시 접근하는 것은 처음보다 쉬웠다는 것이죠. 그때의 경험들이 실제로 변화를 일으키는 기폭제가 되었고, 가속화된 변화의 시대에는 누구보다 빠르게 그 변화를 활용할 수 있는 사람이 되도록 만들었습니다.

　변화에 대한 20의 노력은 그 변화에 선제적으로 대응할 수 있게 해주고, 첫 시도에서는 성과를 내지 못했더라도 그 경험들이 그냥 허공으로 사라지는 것이 아닌, 그 과정에서 익힌 행동 프로세스가 다른 변화에서 적용되는 등 학습 효과가 생깁니다. 선제적으로 변화에 대응했던 경험과 기억은 아예 다른 방향의 일에서도 매우 영양가 높은 자양분이 된다는 것입니다.

02 | 판단의 기준을 남에게서 나에게로 옮겨오는 태도로

한국과 일본의 행복지수가
눈에 띄게 낮은 이유는?

세계 행복지수라는 게 있습니다. 행복이라는 주관적인 느낌을 비교할 수 있는지는 잘 모르겠지만, 유엔United Nations, UN: 국제연합 산하 자문 기구인 지속가능발전해법네트워크Sustainable Development Solutions Network, SDSN에서는 매해 행복지수를 조사해 발표하곤 합니다. (존재해야 할 이유를 스스로 증명해야 하는 기관들이 있잖아요.) 10에서 0까지의 삶의 만족도를 나타내는 캔트릴 사다리 척도 설문조사를 통해 행복지수를 산출[6] 한다고 하는데, 말하자면 주관적인 답변에 의지한다는 이야기죠.

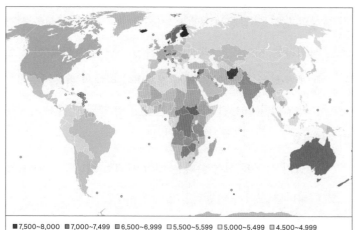

■7,500~8,000 ■7,000~7,499 ■6,500~6,999 ■5,500~5,599 ■5,000~5,499 ■4,500~4,999
■4,000~4,499 ■3,500~3,999 ■3,000~3,499 ■2,500~2,999 ■ > 2,500 * 숫자가 높을수록 행복한 나라

2023년 세계 행복지수(출처:Wikimedia Commons 작성자:Mapsarecool123)[7]

재미있는 점은 대한민국의 순위는 언제나 생각보다 낮다는 것입니다. 생각보다 낮다는 의미는 50위권 정도를 유지하는 대한민국의 행복지수와 비슷한 순위를 가진 나라들이 우즈베키스탄, 엘살바도르, 코소보, 카자흐스탄, 말레이시아 등으로 GDP^{gross domestic product: 국내총생산} 같은 경제지표로 보면 조금은 차이가 나는 나라들이라는 점 때문이에요. 부유하다고 다 행복한 것은 아니지만, 행복한 나라가 부유한 나라인 경우는 많죠. 북유럽, 서유럽의 나라들이나 미국 같은 나라들은 그래서 상위권에 이름을 올립니다.

연세대의 서은국 교수는《행복의 기원》이라는 책에서 이

런 현상의 원인을 '공동체 문화'로 지목합니다.[8] 남의 시선을 신경 쓰는 사회라는 것이죠. 그래서 마찬가지로 남의 시선에 신경 쓰는 공동체 문화를 가진 일본 역시 경제력에 비해서 행복지수에서는 낮은 편입니다. 2023년 기준으로는 한국이 57위, 일본은 47위를 기록했어요.[9]

남의 시선을 신경 쓴다는 것이 사회적 매너를 지키는 것으로 나타나면 그나마 바람직한데, 행복지수를 낮게 만드는 한국과 일본의 공동체 문화에서의 남의 시선은 결국은 기준에 관한 문제입니다. 자기 삶과 인생의 지표에 대한 평가가 남의 눈에 달려 있다는 거죠. 예를 들어 회사에서 팀장이었는데 팀원으로 '강등' 되면 직원들 보는 눈도 있고, 망신스럽다고 생각해서 회사를 그만두라는 압박의 신호로 여기는 겁니다. 하지만 행복지수가 높은 편인 서양권에서는 이런 일이 발생하면 '강등'이 아닌, 하는 역할이 '전환'된다고 생각하는 경우가 더 많거든요.

자신이 하는 일이나 삶의 형태 같은 것도 스스로의 기준에서 움직이는 것이 아니라, 남들 눈에 어떻게 비칠까를 생각하면서 움직입니다. 그래서 그 일을 할지 말지 결정하는데, 이렇게 되면 자기 삶의 결정권을 스스로 가지는 것이 아니라, 실체도 없는 추상적인 남이 가지고 있는 셈이에요.

한국의 공동체 문화에서 이 기준의 사례로 '엄친아' 같은 현상을 들 수 있습니다. '엄마 친구 아들'의 줄임말인데, 주로 엄마와 엄마 친구의 대화 속에서 존재하는 전설적인 인물이죠. 좋은 대학에 들어가서 좋은 직장에 다니고, 결혼도 잘하고, 자녀도 잘 낳고, 돈을 벌어 부모님에게 때마다 선물을 하는, 거의 상상 속의 인물입니다. 엄친아 전설이 만들어진 구조는 사실 SNS의 인플루언서와 비슷한 면이 있어요. 삶의 한 단면, 한 장면만 선택적으로 전해지는 거죠. 늘 못하다가도 한 번 잘한 것만 입에서 입으로 전해지고, 그 과정에서 조금 더 부풀려지다 보면 엄친아가 되는 건데요. 따지고 보면 우리도 다른 집 엄마의 입에서 엄친아로 부각되고 있을지도 모르는 일입니다.

사람들은 생각보다 남의 일에 관심이 없다

다른 사람과의 비교는 한국인의 삶에서 끊임없이 이루어집니다. 나이대마다 해야 하는 일이 있는데 그 일을 안 하면 이른바 '명절공격'을 당합니다. 명절에 친척들을 만나면 인생 사이클에 맞춰서 질문들이 바뀌죠. "학교는?" "취업은?" "결혼은?" "애는?" 이런 식인데, 이 사이클이 한 번 돌았다고 해서 끝난 게 아니에요. 앞에 '애' 자가 붙어서 다시 한번 사이클을 돌게 돼요. "애 학교는?" "애 취업은?" 이런 식이죠. 그 나이대의 일반적인 (그리고 다소 전통적인) 행동 패턴에서 조금이라도 벗어나면 "왜?"라는 질문을 끊임없이 받게 됩니다.

　그런데 놀라운 점은 이런 질문을 하는 친척들이 사실 대답에는 그렇게 큰 관심이 없다는 겁니다. 오랜만에 만난 친척들이 공통적으로 공유할 만한 화제가 별로 없다 보니 날씨, 정치, 연예인 이야기가 끝나면 그냥 집안사람 이야기를 하는 건데요. 이런 성향은 친척을 넘어 사회에서도 마찬가지예요.

　사람들은 남의 일에 생각보다 관심이 없습니다. 자기 코가 석 자인데, 남의 코까지 신경 쓰지 않아요. '타인의 눈'이라는 말에서 주체는 타인이 아닌 나 자신인 거예요. '남들 눈에 보기에는' '남들 기준에는' '남들만큼'이라는 지표는 자기 의식 속에 있을 뿐이지 실제 남들은 자기 살기에도 바빠서 그렇게 자세한 관심을 쏟지 못한답니다.

　세계적인 종교 지도자들이나 명상가들의 말은 사실 예나 지금이나 한결같은 게 많은데, 그중 대표적인 것으로 '불행은 비교에 있다'는 말이 있습니다. 그 비교를 하는 게 남들이 아닌 나 자신인 거고요. 그런 면에서 판단의 기준을 '자기 안에 있는 남'에서 벗어나서, '자기 안에 있는 실제 자신'에 두어야 합니다.

니체가 말하는 주인과 노예의 도덕

독일의 철학자 니체Nietzsche는 이런 상태를 노예의 도덕과 주인의 도덕이라는 말로 비유한 적이 있습니다.[10] 니체가 말한 노예와 주인은 전통적인 의미의 주종관계를 말하는 것이 아니라, 가치가 어디에 종속되어 있느냐에 따라 나뉘는 상태를 말합니다. 다른 사람들의 가치에 종속된 사람들을 노예라고 하는 것이죠. 세상의 평판이나 사람들의 시선에 가치를 두는 노예들은 평생을 남들의 말에 따라 살아가는 셈입니다. 다른 사람들이 자신을 인정해주면 행복감을 넘어 우월감까지 느끼고, 그런 가치가 훼손되면, 그러니까 세상의 인정을 받지 못하면 분노와 증오를 느끼며 열등감에 시달리게 됩니다. 그러니까 니체가 말하는 노예는 사회에서 요구하는 기준과 가치에 순응하며 거기에 절대적으로 복종하는 사람, 타인의 눈과 말에서 자신의 존재 의미를 찾는 사람들입니다.

반면 주인의 도덕을 가진 사람들은 타인의 가치와 기준에서 자유롭습니다. 이들은 스스로 가치를 결정하는 자들이거든요. 자기 안에 있는 내면의 목소리에 귀를 기울이고, 스스로 가치를 창조합니다.

그렇다고 주인의 도덕을 가진 자들이 다른 사람들의 인정을 불쾌하게 여기는 것은 아닙니다. 이들은 자신들의 도덕과 기준에 맞춰 살다 보니, 그것을 타인이 인정해준다면 기쁘게 받아들일 수 있죠. 다만 타인이 인정해주지 않는다고 해서 타격을 받거나 절망하지 않습니다.

그렇지만 노예의 도덕을 가진 사람들은 타인의 인정에 매몰되어 있기 때문에, 타인의 인정을 받지 못한다면 패닉 상태에 빠지는 것이죠.

알카니 마케팅을 한 유일무이한 사람

체면이나 타인의 시선, 나이나 지위의 무게 등을 거둬내면 하고 싶은 일이 제대로 보입니다. 그리고 그 일을 했을 때 성취를 얻을 확률이 높고요. 성취를 얻지 못하더라도 후회가 남지 않습니다. 하고 싶은 일을 못 했을 때, 그리고 그 원인이 여건이 아닌 태도의 문제였다면 그 후회는 꽤 깊숙한 상처가 되어서 계속 남아 있게 되죠.

보드카로 유명한 스웨덴 기업 앱솔루트Absolut 본사의 마케팅 이사를 맡고 있는 주성균은 독특한 이력의 소유자입니다. 우선 그동안 마케팅을 맡았던 제품들이 '알카니'라고 해서 악마의 3종 세트입니다. 알코올, 카페인, 니코틴인데요. 현재 맡고 있는 것은 알코올 마케팅이고, 전 직장은 필립 모리스Philip Morris로 니코틴을 팔기 위한 마케팅을 했으며, 그전에는 레드불Red Bull에서 카페인을 팔았었죠.

직업 이력도 평범하지는 않지만 학창 시절 역시 일반적인 길과는 거리가 있어서, 고등학교에 다닐 때 디자인에 뜻을 품고 호주로 유학을 가서 그곳에서 대학을 나왔어요. 그런데 거기서 뜻밖에도 대학 대표 축구선수, 그중에서도 골키퍼로 뛰는 기회를 얻습니다. 축구도 재미있었지만 부상으로 인해 은퇴하고 다시 디자인 공부에 매진했습니다. 축구에 대한 관심은 이후 한국 국가대표 축구팀의 서포터즈인 붉은악마 응원단장으로 해소했고요.

커리어적으로는 홍콩에 있는 디자인 회사에 들어가서 일하다가 마케팅에 관심을 느껴, 그때부터 마케터로서 경력을 쌓아가게 되거든요. 그리고 레드불로 일터를 옮기면서 정말 재미있는 마케팅을 많이 접합니다. 세계 최초로 제트기와 자동차의 속도 대결을 기획해서 그것을 전 세계적인 광고로 론칭하기도 했죠.

그런데 필립 모리스로 옮기고 나서 약간의 권태로움을 느꼈다고 해요. 담배 마케팅은 법적으로 금지된 것이 많아서, 새로운 것을 하는 데 한계가 있고, 또 뭔가 열심히 하지 않아도 꾸준하게 팔리는 특성이 있어서, 열정을 끌어 올릴 필요가 많지는 않았다는 것이죠. 그래서 앱솔루트로 옮겼는데, 여기서는 말리부 글로벌 캠페인을 맡거나 앱솔루트의 메타버스 기획을 하는 식으로 글로벌 마케팅을 담당하면서 굉장히 재미있게 일했습니다.

주성균 이사가 이렇게 즐기면서 자신의 커리어를 다져 나가는 이유는 엔터테인먼트와 컬처에 대한 비전과 계획이 있기 때문이에요. 앱솔루트가 글로벌 차원에서 아티스트들과 전개하는 컬래버 마케팅은 매우 유명합니다. 대표적으로 보드카 병을 커스터마이징 해서 마치 예술작품처럼 만드는 마케팅이 있습니다. 앱솔루트와 같이 작업하는 아티스트들은 전 세계적으로 유명세를 타는 사람들, 라이징 스타들이 많은데, 그만큼 예술에 대한 감각과 센스가 없으면 이런 기획을 끌고 가기 어렵기 때문이죠.

주성균 이사를 보면 한국에서 처리할 일은 처리하면서도 새벽에는 스웨덴 본사와 회의를 하고, 비즈니스나 아트, 엔터테인먼트에 관련된 여러 모임이나 네트워킹 모임에 꾸준히 참석합니다. 잠은 언제 자나 싶을 정도인데도 피곤한 내색 없이 오히려 즐겁게 이런 일들을 다 수행하고 있습니다. 그 기저에는 '내가 하고 싶은 일을 하는데, 돈까지 주네'라는 즐거움이 자리하고 있어요.

주성균 이사가 이렇게 많은 이들의 부러움을 살 만한 환경에서 일할 수 있었던 것은 다른 사람의 기준보다는 자신의 기준에 맞춰서 일을 선택하고, 미래를 위한 길을 걸어온 덕분입니다. 디자인 공부를 했던 사람이 마케팅으로 직무를 완전히 전환하면서 처음부터 다시 시작하는 상황은 말이 쉽지, 실천하기에는 어려운 일이에요. 조금만 하면 팀장급이 되는데, 다시 신입인 거니까요.

글로벌 기업의 이사면 어느 정도 폼을 잡을 만도 한데, 엔터테이너들의 모임에 가면 그런 대접을 받지는 못해도 스스럼없이 어울려서 같이 놀거든요. 꼰대 같기는커녕 재미있는 이야기들을 많이 알고, 무엇보다 모임에 술 한 병씩은 꼬박꼬박 들고 오니까, 그를 아는 사람들은 파티나 모임을 계획할 때 주성균 이사를 1순위로 초청합니다. 그리고 그런 자리에서 아이디어가 나오고 계획과 섭외가 이루어져, 주성균 이사가 성공적인 기획을 계속 낼 수 있는 것이고요.

판단의 기준을 남에게서 나에게로 옮기는 태도로 전환하기 위한 4단계 프로세스

나잇값을 못 한다는 말이 있죠. 그건 이제는 유교 시대에나 어울리는 말이고, 오히려 나잇값을 못 해야 생존에 유리한 시대가 되었습니다. 나잇값이 의미하는 체면, 권위, 지위, 형식, 의례 등이 이제는 점점 무의미한 시대가 되어가고 있거든요. 이런 것에 얽매이다가 빠르게 변하는 환경에 뒤처지고, 순식간에 "라떼는 말이야"를 외치는 꼰대가 되고 맙니다.

　그렇다면 남의 시선에서 벗어나서 자신의 잣대를 세우는 방법에는 어떤 것이 있을까요? 말은 쉽지만 말처럼 쉬운 것만은 아니거든요. 그나마 구체적으로 이럴 수 있는 4단계 프로세스에 관해서 알아볼게요.

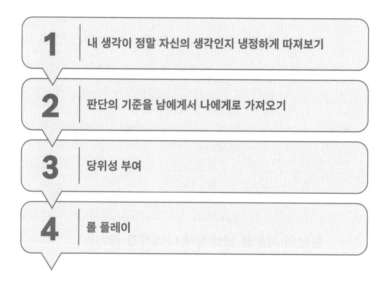

1 내 생각이 정말 자신의 생각인지 냉정하게 따져보기

2 판단의 기준을 남에게서 나에게로 가져오기

3 당위성 부여

4 롤 플레이

❶ 내 생각이 정말 자신의 생각인지 냉정하게 따져보기

　자기 생각이라고 생각하지만, 사실은 사회화된 관습과 문화 그리고 여러 가지 교육의 결과로 나에게 투영된 사회의 기준일 수 있습니다. 그것이 정말 내가 생각하는 내재적 기준인지, 아

니면 체면, 지위, 나이에 따라 어떻게 행동해야 한다는 사회적 압력에 의한 기준인지를 잘 따져봐야 합니다.

대부분 '이 나이에' '점잖지 못하게' '애들이나 하는 걸' '보는 눈이 있지' '나 정도 되는 사람이 굳이' 같은 서두로 시작하는 생각들은 스스로의 생각이라기보다는 외부적으로 투영된 생각이라고 보면 됩니다.

❷ 판단의 기준을 남에게서 나에게로 가져오기

자신의 행동에 대한 판단의 기준이 '남의 눈'에 있지는 않은지 객관적으로 따져보고, 사회적 평판이나 체면 때문에 못 했던 일이 있다면 그 일에 대한 판단을 재고해봐야 합니다. 나에게 있는 판단의 기준이란, 하고 싶은 일인지, 합리적인지, 이익이 되는지 등 여러 가지가 있을 수 있어요. 그것을 일률적으로 정리할 수는 없지만, 적어도 남의 눈을 의식하다 보니 혹시 좋아하는 일을 하지 못하는 경우가 있었던 것은 아닌지 체크해보자는 겁니다. 남이 나의 인생을 살아주는 것도 아니고, 남이 나 대신 욕을 먹어주는 것도 아니거든요. 행복은 나에게서 나오는 것이지, 남에게서 나오는 것이 아닙니다.

❸ 당위성 부여

하지만 이렇게 마음 한번 먹는 것에 따라 기준이 바뀔 수 있는 정도라면 진작에 태도의 전환이 이루어졌을 것입니다. '아무리 그래도 어떻게 이 나이에'나 '사회적 체면이 있지' 같은 생각을 이탈하는 게 쉬운 일은 아니거든요. 그렇다면 당위성을 만들어보는 것도 좋습니다.

키즈 카페를 가보면 볼풀에서 헤엄쳐 노는 아빠들이 많은데요. 볼풀에서 놀아보고는 싶지만 아이를 앞세우지 않고 어른만 놀다가는 이상한 눈총을 받기 쉽거든요. 그래서 아이와 놀아준다는 핑계로 엄청 열심히 키즈카페 시설을 이용하는 분들이 꽤 있어요. 아이들을 즐겁게 해주기 위해서라고 말하면서 놀이공원에 가서는, 아이들보다 더 신난 엄마, 아빠들을 종종 발견하기도 하고요.

유튜브를 보면, 아무도 안 시켰는데 나이가 어느 정도 되는 분들이 구독자와의 공약이라며 걸그룹 춤을 춘다든가, 틱톡 챌린지를 하는 것을 가끔 볼 수 있습니다. 그 경우도 실제로 구독자들의 요청을 들어주는 것이 아니라, 구독자의 요구라는 당위성을 가져다 붙인 거거든요. 그렇게라도 스스로에게 당위성을 부여해보면 어떨까요? 이런 당위성은 남을 위한 것이 아닙니다. 구독자들도 다 알아요. 이 당위성은 자기 자신에게 제시하는 것이거든

키즈 카페에서 아이들보다 더 신나게 노는 아빠

요. 이렇게라도 체면과 지위, 직급, 나이의 굴레에서 벗어날 수 있다면, 안 될 이유는 전혀 없습니다.

❹ 롤 플레이

연극배우들은 꿈을 실현하는 대신 수입 면에서 현실을 희생하는 경우가 많죠. 그래서 연극을 하면서 전단지를 붙이든가, 배달 아르바이트를 하거나, 대형 마트에서 판매 아르바이트 같은 것을 합니다. 연극을 해야 하니까 아무래도 비정규직 일자리를 구하게 되는데요. 재미있는 것은 연극배우들이 아르바이트로 판매를 하면, 판매왕의 자리에 오르는 경우가 많다고 합니다.

연극배우들 말을 들어보니 처음에는 창피하다는 생각이

들기도 했는데, 곧 자신은 판매왕 배역을 맡아서 연기한다고 생각하고, 판매에 몰입한다고 해요. 그래서 낯을 가리고 내성적인 성격의 사람도, 넉살 좋게 고객들과 농담을 주고받으며 판매를 할 수 있는 겁니다.

남의 눈이 신경 쓰이면 이렇게 자신에게 역할을 부여하고, 그 역할을 수행하는 중이라고 생각하라는 것이죠. 디즈니랜드나 에버랜드의 직원들은 스태프가 아니라 캐스트라고 불립니다. 꿈과 희망의 나라에 캐스팅된 배우들이라는 뜻이 담겨 있죠. 한때 엄청나게 유행했던 에버랜드의 아마존 노래도 이런 아르바이트생들이 최선을 다해 열심히 불러서 나온 결과입니다. 이들은 영화에 캐스팅되어서 연기한다는 생각으로 누구보다 열심히 사명감을 가지고 역할에 임하고 있거든요.

혹시라도 자신이 해야 하는 일이 다운그레이드되는 일 같거나 자존심 상하는 일이라면, 그 자존심이라는 것이 결국 남의 시선을 의식하는 자신의 한계라는 것을 인식하고, 나는 원래 그런 사람이 아니라, 그런 일을 해야 하는 역할을 받은 사람이라는 생각으로 임하면 어떨까요? 자존감은 보호하면서 효과적으로 해야 할 일을 하는 거죠. 그래야 그다음 단계의 기회가 열립니다.

03 | 컨트롤을 따라가는 태도에서
      컨트롤하는 태도로

마키아벨리가 사랑보다는 두려움이 낫다고 한

진짜 이유

책이 처음 나온 당대 사회에서는 금서 목록에 이름을 올린 데다가 독자도 매우 한정적이었기 때문에 (로렌초 데 메디치 Lorenzo de' Medici라는 사람 한 명이었거든요), 많이 팔리지 못한 책이 있었습니다. 하지만 날이 갈수록 그 가치가 증대되어서 500년이 지난 지금에 와서는 서점가에서 꾸준히 팔리는 책이 되었죠. 이 뒤늦은 스테디셀러의 정체는 바로 마키아벨리Machiavelli의 《군주론》입니다.

《군주론》에서 가장 유명한 구절 중 하나는 '사랑과 두려움을 동시에 받을 수 없고, 하나만 받을 수 있다면 사랑을 받는 것보다 두려움을 받는 것이 낫다'는 내용입니다. 인간에게는 사랑하는 사람을 배신하는 것이 두려워하는 사람을 배신하는 것보다 쉽기 때문이라는 것이 표면적 이유인데요. 실질적인 이유는 하나 더 있어요.

그것은 마키아벨리가 본질적으로 가진 생각인 포르투나 fortuna와 비르투Birtu에 관한 것입니다. 비르투가 역량이라면 포르투나는 행운입니다. 역량과 행운 중에 성공을 위해서 더 필요한 것은 솔직히 행운입니다. 성공한 사람들이 이야기하는 그들의 성공담을 가만히 들어보면 결국에는 어느 순간에 운이 작용하거든요.

한번은 국내 한 MBAMaster of Business Administration: 전문경영인 양성을 위한 경영학 석사 과정 교수님이 성공한 선배 특강이라는 타이틀로 몇 분의 CEOchief executive officer: 최고경영자들을 초청해 이야기를 듣는 자리를 마련했는데, 특강을 해준 대부분의 CEO가 성공의 핵심 이유는 '운'이라고 해서 곤란했었다는 후일담을 전해준 적이 있습니다. 경영을 공부하는 분들에게 동기를 부여하려고 했는데, 동기부여가 전혀 안 되는 이유라 선배들을 부른 것을 후회하셨다네요.

성공의 이유가 '운'이 되면 따라오는 해악이 하나 있습니다. 인간에게 무력감을 준다는 거예요. 운이나 운명을 믿는다면 인간은 기다리는 것 외에는 할 수 있는 것이 없습니다. 자신의 정해진 앞길이 궁금하니 신이나 점쟁이에 의지할 뿐이죠. 운명은 인간을 수동적으로 만듭니다. 아무리 노력해봐야 정해진 운명을 벗어날 수는 없거든요.

500여 년간의 역사 속에서 최고의 통찰력을 지닌 인물 중 하나로 손꼽히는 마키아벨리도 인간의 성공에서는 '운'이 중요하다고 이야기합니다. 하지만 운은 그야말로 하늘의 뜻에 있는 것이지, 자기 뜻은 아닙니다. 그래서 마키아벨리는 운이 중요한 것은 사실이지만, 거기에만 의지할 수 없으니 우리가 행하고 노력해야 할 것은 역량을 쌓는 일이라고 덧붙였어요.

감나무 밑에 앉아서 감이 떨어질 때만 기다리는 것이 아니라, 장대를 준비해서 감을 툭툭 쳐야 한다는 것이 마키아벨리의 이야기입니다. 결국 감이 떨어지는 것은 타이밍이겠지만, 그 타이밍을 앞당기도록 하는 스스로의 노력이 있어야 가능성도 올라갑니다. 마키아벨리는 포르투나에만 의존하지 말고 비르투를 길러야 한다고 하는데요. 포르투나는 자신이 통제할 수 없지만, 비르투는 역량을 개발하는 것이기 때문에 자신이 통제할 수 있습니다. 그런 면에서 보자면 마키아벨리의 사랑과 두려움 발언은 군주가 통제할 수 없는 '사랑'에 군주의 운명을 맡기지 말고, 군주가 통제할 수 있는 두려움을 통치의 수단으로 활용하는 것이 좋다는 이야기인 겁니다. 상대방의 마음에 사랑의 느낌이 들게 하는 것은 어려운 일이지만, 무섭게 정치하고 벌을 주고 복수하면 두려움을 심는 일이 어렵지 않습니다.

능동적인 삶의 자세가 가져오는 것

인생의 길을 수동적으로 걸어가는 사람은 이미 짜인 길을 걸어가는 것을 좋아합니다. 누군가의 지시를 받아서 하라니까 하고, 하지 말라니까 안 하는 거죠. 이런 태도는 입시교육을 받아야 하는 입장에서는 유리할 수 있어요. 외우라는 거 외우고, 외우지 말라는 거 안 외우면 되니까요. (하긴 외우지 말라는 것은 없죠. 어떻게 될지 모르니 무조건 외우라는 것이 입시교육의 기조입니다.) 공부하라면 하고, 시험 보라면 시험을 보는 겁니다. 그래서 암기식 입시교육에 찌든 우리나라 학생들의 경우 자신의 의지와 선택으로 대학의 학과를 선택해서 진학하는 경우가 드물죠. 문제는 이런 태도를 12년의 교육을 통해서 주입받은 친구들이 갑자기 능동적인 선택을 하기가 매우 어렵다는 점입니다.

어떤 일이 잘 풀리면 상관없는데 잘 안 풀리는 경우, 그 일을 잘 풀 실마리를 찾아다니기보다는 그냥 잘 풀릴 때를 기다리는 거예요. 답답하니까 타로점을 보고 종교시설에 가서 기도도 해보지만, 사실 점쟁이를 만날 시간에 친구들을 만나 좋은 기회가 없나 이야기를 나눠보는 편이 더 낫고, 종교시설에 가서 무조건 달라고 기도하기보다 새로운 분야에 대한 강의를 듣는 편이 더 낫습니다. 확률적으로도 그렇지만, 무엇보다 삶에 대한 자세가 수동적인 것과 능동적인 것의 차이예요.

자기 인생을 자신이 컨트롤하는 사람은 기회를 스스로 만듭니다. 개그맨 송은이는 자신의 미래를 스스로 만들어낸 사람의 대표적인 예라고 할 수 있어요. 송은이는 인지도 있는 개그맨이긴 하지만 사실 정상급이라고 할 수는 없었는데, 나이가 들자 방송국에서 점점 송은이를 찾지 않습니다. 그러자 불러주기를 기다리지 않고 스스로 〈비밀보장〉이라는 팟캐스트를 제작합니다. 이게 사람들에게 알려지기 시작하고, 〈국민 영수증〉 같은 다른 프로젝트들이 계속 이어져서 지금은 콘텐츠랩 비보라는 영향력 있는 제작사의 대표가 되었죠.

이 회사에는 여러 연예인들뿐 아니라 장항준 감독, 김은희 작가와 같이 다양한 엔터테이너들이 소속되어 있기도 하고, 예능이나 영화를 제작하기도 합니다. 그리고 송은이 자신도 오프라인에서 '비보쇼' 같은 쇼를 만들어 직접 출연도 하면서 자기 업을 이어나가고 있습니다. 상암동에 지은 사옥은 꽤 화제가 되었죠.

송은이 입장에서는 방송국에서 불러주기만을 계속 기다리고 있었다면, 요즘같이 TV뿐 아니라 유튜브나 뉴 미디어를 통

해서 날마다 새로운 인물들이 치고 올라오는 때에 기회를 얻는
것은 점점 어려운 일이 되었을 것입니다.

능동적으로 움직였을 때 치러야 할 대가가
점점 제로로 수렴하고 있다

자신의 인생을 컨트롤하는 것은 생각보다 어려운 일입니
다. 왜냐하면 우리는 사회 안에서 살아가는 특성상, 끊임없이 사
람들과 교감을 나누고 외부 환경과 상호 작용해야 하기 때문이
죠. 이 외부 변수들은 자신이 통제할 수 있는 것이 아닙니다. 예측
조차 쉽지 않죠. 이런 상황에서 자기 인생을 컨트롤하라는 것은
100퍼센트 그렇게 된다는 것이 아니라, 그런 태도를 가지라는 말
입니다. 실제로 모든 조건과 상황을 컨트롤하라는 것이 아닌, 다
만 한 톨이라도 능동적으로 기회를 만들라는 뜻입니다. 용기 내
서 메일 한번 보내보고 만남을 요청하고 제안해보는 거죠. 생각
하는 것이 있다면 그것을 머릿속에서만 살게 하지 말고 실제 세
상 밖으로 끄집어내는 겁니다.

특히 요즘처럼 무언가를 시작하는 데 돈이 덜 드는 때가
없습니다. 예전에는 가게를 한번 차려보려면 장소 물색하고 물건
받아와서 쌓아 놓아야 하고, 그러다 보니 마케팅에 돈을 써야 했

는데, 이제는 네이버 스마트 스토어에 물건 올려보고, 고객 주문에 따라 재고를 확보하는 방식으로 팔 수 있거든요. 반응이 좋으면 확장하고, 아니면 접으면 되죠. 재고 부담이 없고 오프라인 공간에 돈을 투자하지 않기 때문에 예전에 비하면 실패해도 비용에 대한 부담이 거의 없는 것이나 마찬가지예요.

능동적으로 움직였을 때 치러야 할 대가가 예전에 비하면 점점 제로로 수렴해가고 있어요. 자신의 노력과 의지만 있으면 한번 해볼 수 있다는 겁니다. 심지어 에픽게임즈Epic Games라는 회사는 언리얼엔진Unreal Engine이라는 게임 엔진을 개발자들에게 무료로 제공해 게임을 만들도록 해요. 총매출 100만 달러를 넘긴 이후부터 분기당 1만 달러의 매출이 발생하기 전까지는 소스 코드까지 전부 다 무료로 제공합니다. 이후에 수익이 발생하면 수익의 5퍼센트를 로열티로 가져가는 구조예요. 100억 원을 벌면 5억 원을 가져가는 것이 크다고 생각하기 전에, 돈 한 푼 없이 게임을 쉽게 만들 수 있도록 도구를 제공한다는 사실을 인지해야 하는 것이죠. 자신이 아이디어와 개발 실력이 있다면 이 방식을 잘 활용하면 심지어 게임 개발에도 큰돈이 안 드는 겁니다.

전환점은 주어지는 것이 아닌 찾아내는 것

하지만 역시 한국 사회에서는 권장되다시피 하는 수동적인 삶의 태도를 일시에 능동적인 자세로 바꾸기는 어렵습니다. 한국 사회에서는 하라는 것을 하지 않고 남들과 다른 길을 가려는 사람들을 위협하는 협박장이 있기도 합니다. 이른바 '왕따'라고 하는 건데, 일본의 '이지메'와 더불어 전체주의 문화를 보여주는 대표적인 현상이에요. 보통 왕따가 되는 친구들은 집단에 어울리지 못하거나, 혼자만 잘난 척할 때, 다른 사람들과 무언가 다른 요소를 가질 때 등입니다. '왕따' '이지메'라는 말에는 이미 집단에서 배제된다는 뜻이 내포되어 있어요. 두세 명이 한 명을 괴롭히면 학교폭력이 되겠지만, 이 괴롭힘에 많은 아이들이 동참했을 때 '왕따'라는 말을 쓰거든요.

어린 시절부터 남다른 행동, 능동적인 행동에 대해서 이런 식의 제한을 받아온 한국 사람들이다 보니, 수동적인 태도가 기본 옵션처럼 장착되는 경우가 많아요. 그래서 어느 순간 인생의 전환점이 필요합니다.

보통 인생의 전환점을 맞은 사람들의 이야기를 들어보면 여행 같은 일상에서의 일탈 경험이나, 우연한 만남 같은 것들이 많이 회자됩니다. 그리고 인생 전체가 흔들릴 만한 사건, 그러니까 큰 사기를 당했다든가, 죽을 고비를 넘겼다든가 하는 사건들도 전환점이 되곤 해요.

하지만 잘 따져보면 여행 장소나, 사람, 그리고 생명의 위기가 닥쳐온 사건에 전환점이 놓여 있는 게 아닙니다. 전환점의 아이디어와 내용은 모두 자기 자신에게 있고, 장소나 사람은 그저 계기가 될 뿐이에요. 그러니까 자신이 변할 준비가 안 된 사람에게는 아무리 죽음의 위기를 넘기는 큰 사건이 찾아와도 여전히 살던 대로 살 뿐이죠. 그러니 전환점 역시 우연히 주어지는 수동적인 삶의 마일스톤이 아니라, 계기를 통해 능동적으로 설정하고 찾아 나서는 내비게이션의 결과물에 가깝습니다.

자신이 스스로 컨트롤하는 삶

삶의 전환점을 맞아, 수동적 삶에서 능동적 삶으로 성공적으로 전환한 사람이 바로 개그맨으로 시작해서 지금은 사업가나 강연가, 베스트셀러 작가로 더 유명한 고명환입니다. 고명환은 원래 아이디어가 풍부한 사람입니다. 그래서 개그맨으로 왕성한 활동을 할 때부터 다양한 시도를 해왔어요. 한창 현직에서 활동하는 개그맨일 때도, 옥션에 정식으로 입사해서 마케팅 직원으로 근무하기도 했었죠. 그때 실시간 전략 게임 스타크래프트의 가장 유명한 선수였던 쌈장 이기석과의 대결권을 팔아서, 당시 옥션 회장에게 대한민국 최초로 무형의 가치를 온라인 쇼핑으로 판 사람이라는 칭찬을 듣기도 했답니다. 하지만 이렇게 아이디어가 풍부해서 다양하게 활동했던 고명환도 사실은 수동적인 삶을 살고 있었어요. 개그맨이라는 직업은 방송국에서 불러줘야 방송에 나올 수 있고, 행사장에서 찾아줘야 돈을 벌 수 있는 직업이잖아요.

어느 날 행사를 다녀오던 고명환은 큰 교통사고를 당해요. 정신을 차려보니 병원 침대였고 3일 안에 인생을 정리하라는 의사의 선언을 들었다고 합니다. 하지만 기적적으로 살아났죠. 이후 그 사고 순간에 보였던 인생의 주마등 가운데 유독 기억나는 사건이 개그맨으로서 화려하게 주목받던 때가 아니라 자신이 주체적으로 결정하고 살았던 재수생 시절이었다는 것을 깨닫고 남은 인생을 주체적으로 살기로 결심합니다. 그러면서 먼저 찾은 것이 책이에요. 여러 책을 읽으면서 자신의 인생을 설계하기 시작하죠.

방송에 연연하지 않고 스스로 자기 인생을 컨트롤할 수 있는 길을 찾기 시작한 겁니다. 그리고 외식업체를 차렸어요. '메밀꽃이 피었습니다'를 일산에 열고, 외식업에 본격적으로 뛰어들어요. 맛을 일정 수준으로 끌어올리기 위해 엄청나게 노력했지만, 최근의 맛집은 맛있다고만 맛집은 아닙니다. 그래서 마케팅이 필요했습니다. 고명환은 자신의 장점을 최대한 살려, 이 식당에

자신의 성공 비결이 된 태도를 말하는 고명환 편 유튜브 캡처[11]

서 10~11시쯤에 강연이나 토크쇼 같은 것을 합니다. 무료로 말이죠. 그러자 이 강연에 온 사람들이 강연을 듣고 메밀국수를 한 그릇씩 사 먹고 가기 시작합니다. 시간을 보면 알겠지만, 강연을 다 듣고 나면 딱 점심시간이잖아요. 메밀국수를 먹은 사람들로 인해 입소문이 나기 시작하면서 장사가 잘되기 시작한 거예요.

고명환은 메밀국숫집의 프랜차이즈 사업을 시작했고, 지금은 목동에 '담야알비'라는 고깃집도 열어서 본격적인 외식 사업 확장을 해나가고 있어요. 거기다 책도 내고, 강연도 다니고, 행사도 하면서 주체적인 삶을 살고 있습니다. 개그맨이라는 직업만 가졌을 때는 인생의 리모컨이 PD 같은 방송 관계자의 손에 들려져 있었다면, 자기 사업을 하면서 인생의 리모컨을 자기 자신이 간수하기 시작한 거죠.

여기서 중요한 포인트는 능동적 삶의 전환입니다. 고명환에게 찾아온 인생의 전환점은 교통사고처럼 보이지만, 사실 그렇지 않습니다. 교통사고는 관점이 전환되는 계기였을 뿐 실제적인 전환의 포인트는 독서였습니다. 자신이 달라지겠다, 능동적으로 선택하는 삶을 살겠다고 결심해도, 그에 마땅한 능력이나 지식이 없으면 그야말로 공염불에 불과합니다. 고명환은 사고 후에 자리에서 일어나서 미친 듯이 책을 읽기 시작을 했고, 지금도 아침마다 남산도서관에 가서 책 읽는 습관을 유지하고 있습니다. 책에서 길을 찾고, 책에서 비전을 발견한 거예요. 그리고 그것들을 실천할 방법들까지도 책에서 알아냅니다.

책을 직접 쓰기도 했는데, 그의 책 《이 책은 돈 버는 법에 관한 이야기》는 베스트셀러가 되었죠. 얼핏 재테크에 관한 책 같지만, 사실은 독서에 관한 책입니다. 돈 버는 법이 책 읽기였던 거예요. 이렇게 미친 듯이 책을 읽다가 아이디어를 얻고, 지침을 찾아 사업도 시작하고, 작가도 된 것입니다.

마음 하나 바뀐다고 인생의 전환점이 찾아오는 건 아니에요. 그만큼의 행동과 노력이 따라야 하죠. 바로 이때부터 능동적인 삶, 자신이 스스로 컨트롤하는 삶이 시작되는 거예요. 요는 전환점을 기다리지 말고 전환점을 만들어야 한다는 뜻이죠. 책이든

아침마다 하는 달리기든 전국 맛집 투어든, 자신이 관심 있고 미래에 영향을 줄 만한 일을 찾아 그것들을 행함으로써, 그다음 단계로 갈 수가 있거든요.

능동적 태도로 전환하는 4단계 프로세스

누군가에게 지시받고, 짜인 길대로 실행하는 것이 아닌, 지시하기 전에 먼저 하고 새로운 길을 만드는 태도가 필요합니다. 다시 말해, 시켜서 하는 태도에서 시키는 태도로 전환이죠. 그런 태도를 가지기 위해서 구체적으로 따라야 할 4단계 프로세스를 소개합니다. 얼핏 4단계 프로세스를 따라 한다는 것이 이미 너무

1 수동적인 삶을 언제까지 수행할 수 있을지 따져보기

2 수동적 태도 버리기

3 지금 상태를 변화시키기 위한 구체적인 액션을 찾아 계획 세우기

4 계획에 따라 실천하기

나 수동적으로 느껴질 수도 있는데요. 이 4단계는 일반적인 참고 사항일 뿐 '반드시'는 아닙니다. 더 좋은 것을 발견하면 그것을 구축하면 되니까요. 다만 아직 습관의 전환을 이루지 못한 분들에게 전환의 계기가 될 수 있는 액션을 가이드해드리는 거예요. 액션이 없는 생각은 그냥 공상에 불과하니까요.

❶ 수동적인 삶을 언제까지 수행할 수 있을지 따져보기

수동적인 삶은 편안하고 비교적 고민거리가 덜한 삶입니다. 철학자 에리히 프롬Erich Fromm은 이 상태를 '자유로부터의 도피'라고 표현하기도 했어요. 스스로 결정해야 하는 자유라는 것이 너무 버거워서 독재자나 종교, 거대 조직 같은 것에 결정과 생각을 맡겨버린다는 거죠. 즉 그에 따르면 자유로부터 도망치려고 하는 것이 현대인들입니다.

자유롭고 다양한 미래라는 말은 회사나 조직에 의존하지 않는 능동적 삶의 장점이 되겠지만, 이에 대한 반대급부는 뭐 하나 딱 부러지게 결정된 것 없는 안갯속을 헤매야 하는 압도적 불안감입니다. 스트레스가 떠나질 않죠. 자신의 결정에 하나하나 다 책임을 져야 하고, 그 책임이라는 것은 때로는 생계나 장래에 위협을 주는 식으로 나타나기도 하니까요.

지금 가지고 있는 삶의 태도가 변하려면 현재 상태에 의

문을 가져야 하는데, 수동적 삶은 (안정적이라면 지금이) 너무 편안합니다. 아무 생각 안 하고 루틴 안에 빠져 있으면 되거든요. 그러니 수동적 삶에 의문을 가지는 것이 첫 번째 단계입니다.

그런 마음이 들도록 하는 열쇠는 생각의 초점을 지금에 두지 않고 미래로 이동시키는 것입니다. '시키는 것만 하는 직장인으로 계속 살아간다면?' '손님 오기를 기다리며 문만을 쳐다보고 있는 자영업자로 계속 살아간다면?'이라는 질문처럼 지금의 상태를 계속 가지고 가서 10년 후가 된다면 어떻게 될까를 생각해보는 것이죠. 한 가지 더 염두에 두어야 할 것은 기술의 발달과 보급이 너무나 빠른 만큼 지난 10년보다 앞으로의 10년은 훨씬 빠른 모습으로 변화가 일어날 것이라는 점입니다. 사회도 조직도 회사도 소비도, 변화의 속도가 너무나 빠르고, 예측은 더더욱 불가능한 미래입니다.

아무래도 10년 후가 그렇게 밝아 보이지는 않을 겁니다. 하지만 직장인의 경우에, 안정적인 직장을 박차고 나오라는 게 아니에요. 자영업자 역시 갑자기 새로운 사업을 시작하라는 게 아닙니다. 일단 능동적인 직장인, 여러 가지 기회를 계속 호시탐탐 노리는 자영업자가 되라는 거예요. 적당한 타이밍에 오는 기회를 놓치지 말고 잡자는 것이지, 그런 타이밍도 재지 않고 당장 변화에 뛰어들라는 말과는 다릅니다.

시키지도 않는 일을 찾아서 하는 직장인은 당장에는 주변에서 오히려 욕을 먹을 수도 있어요. 하지만 성공한 직장인 중에 수동적인 사람은 별로 없습니다. 자신의 눈을 미래로 가져가면 어떤 태도가 필요한지 깨닫게 됩니다.

❷ 수동적 태도 버리기

자기 삶에서 내가 욕망하고 원한다고 생각한 것이 진짜로 내 것이었나 먼저 생각해봐야 합니다. 남들의 눈, 체면, 사회적 관습과 기대 등을 자신의 욕망이라고 착각하는 경우가 많아요. 이런 것에서 너무 자유로운 것도 문제가 되지만, 이런 것에만 얽매여 있으면 자기 인생이 없어지는 거거든요. 40대에 접어드는 직장인들의 최애 책 중 하나가 《그리스인 조르바》입니다. 조르바는 니체의 철학에서 낙타, 사자 다음 단계이며 마지막 단계인 어린아이 같은 단계에 도달한 사람인데요. 자기 생각과 욕구대로 자유롭게 행동하는 인간이에요. 40대쯤 되면 자기 인생이 진짜 자신의 인생이었나를 한 번쯤은 돌아보게 되면서, 사실 내가 하고 싶은 일보다는 남의 눈을 신경 쓰는 삶을 살아왔구나 하고 깨닫고 나서는 절절하게 조르바를 부러워하는 겁니다.

인생에 너무 늦은 때는 없다고 흔히 말하지만, 사실 있거든요. 건강이 상하기 시작해서 몸이 받쳐주지 않으면 의지만으로 버텨내기 힘듭니다. 너무 늦어서 후회만 남기 전에 자기 인생을 주체적으로 살아가야겠다는 태도로 전환해야 합니다.

❸ 지금 상태를 변화시키기 위한
구체적인 액션을 찾아 계획 세우기

그동안의 자신의 인생이 내가 아닌 남을 만족시키는 것이었었다고 깨달은 사람이라면, 자신의 삶을 다시 자기 것으로 가져오기 위한 의지가 불타오를 텐데요. 안타깝게도 지금의 상태를 변화시키는 게 의지만 가지고 되는 것은 아닙니다. 그 의지로 무언가 퍼포먼스를 실행하고 경험을 쌓아야 변화도 이루어집니다. 그러기 위해서는 시간과 노력이 지불되어야 하고요.

문제는 그런 지불까지 하겠다고 결심해도 당장 무엇에 지불해야 할지 모르는 분들이 많을 거라는 점이에요. 수동적인 삶이란 그런 거니까요. 유튜브를 찾아보거나 멘토들의 이야기를 듣는 것도 좋지만, 일단 자신의 내면에 귀 기울이세요. 하고 싶은 것이 무엇인가를 찾아보라는 거죠. 자신이 무엇을 하고 싶은지 찾는 일은 생각보다 어려워요.

그리고 하고 싶은 그것을 하기 위해서 무엇이 필요한지를 찾고 그에 대한 행동 계획을 세워야 합니다. 영화에 관심이 있어 자신의 영화를 한 편 만들어보고 싶은 사람이라면, 여러 영화들

책 읽는 습관은 변화를 위한 좋은 방법이다

을 보거나, 편집기술을 익히거나, 야간에 이루어지는 영화 아카데 미 같은 곳에 등록하는 방법들이 있을 거예요. 영화 유튜버를 시 작하거나, 영화에 관한 글을 블로그에 올리기 시작하는 것도 방 법이죠. 자전거에 관심이 있다면 관련 카페에 가입해서 정보를 얻 고, 동호회 모임도 하고, 네트워킹을 쌓기도 하는 거죠.

이렇게 구체적인 방향성이 안 세워진다면 책을 읽는 방법 이 있습니다. 책을 읽으며 거기서 다음 단계의 방향을 찾는 것인 데, 책은 결국 지식과 지혜이기 때문에 쌓아 놓으면 반드시 인생 에 도움이 되거든요.

무작정 달린 사람도 있어요. 건강에도 도움이 되지만, 달 리기 같은 육체적 움직임은 사람을 긍정적인 방향으로 움직이게 해줘요. 우울증 때문에 고생하다가 벗어난 분들이 공통적으로 하는 말은, 몸을 움직이는 게 제일 좋은 우울증 치료제라는 것이 죠. 사회생활과 남의 눈을 신경 쓰는 생활에 치여서 심신이 지친 분이라면 달리기를 시작하는 것도 좋은 방법이에요.

❹ 계획에 따라 실천하기

해야 할 일이 있다면 그것을 마음 내킬 때만 해서는 안 됩니다. 계획을 세우고, 그것을 실천했다는 티를 내야 합니다. 티를 내지 않으면 자신이 슬그머니 마음을 접어도 어차피 아무도 모르니, 포기하기에 너무나 쉬운 환경이거든요.

책을 일주일에 한 권씩 읽겠다고 마음먹었다면, 그것을 영상으로든 글로든 기록해놓고 공개하라는 거죠. 내용 정리까지 하면 책을 기억하는 데 더 도움이 되겠지만, 그것이 어렵다면 그 책 중 가장 마음에 드는 한 페이지를 그냥 읽어서 영상으로 만든다든가, 텍스트로 옮겨서 블로그나 SNS에 공개하는 방식도 좋습니다.

하루의 목표가 정확하지 않으면 미루기가 너무나 쉬워요. 그러니 하루의 목표, 아니면 일주일의 목표를 정하고 그것을 달성하기 위해서 행동해야 합니다.

04 | 할 수 있다는 태도에서
　　　　 그냥 한다는 태도로

힐링은 불안의 다른 말

"모든 것은 마음먹기에 달려 있습니다. 할 수 있다고 마음먹으면 세상에 못 할 일이 없죠." 이런 유의 말들이 많죠. 그런데 세상을 살아보면 확실하게 말할 수 있습니다. 아닙니다! 손가락으로 허공에 원을 그려보세요. 그게 바로 우리가 할 수 있는 일이고, 그 외의 모든 부분이 우리가 할 수 없는 일입니다. 세상에 할 수 있는 일보다 할 수 없는 일이 훨씬 많거든요. 세상이 가속화되어 변하기 시작하면서 못 하는 일의 크기는 더욱더 커져갑니다. 좌절감이 쌓이죠.

이제는 그래서 이렇게 말합니다. "모든 것은 마음먹기에

달려 있습니다. 마음을 작게 먹으면 됩니다." 힐링, 위로라는 이름
으로 세상이 마음먹은 대로 되지 않음을 인정하는 거예요. 현명
한 태도이긴 하지만 솔직히 힐링은 불안의 다른 말이기도 해요.
불안하지 않으면 힐링할 필요도 없으니까요. 힐링이 필요하다는
것은 그만큼 현대를 살아야 하는 우리에게 드리워지는 불안의 그
늘은 더욱 넓고, 짙어지고 있다는 것입니다.

　　불안의 정체는 우리가 적응해야 하는 세계의 범위가 점
점 커지고 있다는 데 있어요. 하루하루가 똑같고, 자신이 하고자
하는 일, 할 수 있는 일의 범위가 명확하고 변동이 없던 옛날 공
동체 사회의 사람들은 불안해할 일이 그다지 없었습니다. 멀리 조
선 시대까지 갈 필요도 없는 게, 수십 년 전까지만 해도 우리 사회
는 대체로 인과관계가 명확했거든요. 열심히 공부한 사람에게는
나름의 기회가 열리고, 성실하게 일하다 보면 어느 정도의 성과가
나왔습니다. 대학생의 경우에는 전공 공부 열심히 해서 학점을 좋
게 받고 영어 공부해서 토익TOEIC 점수를 높이면 좋은 회사에 취업
할 확률이 높았죠.

　　하지만 지금은 학점이 좋아도, 토익 점수가 높아도 과연
원하는 회사에 취업할 수 있을지 확신할 수 없는 시대예요. 심지
어 공기업 같은 경우는 학점이나 토익 점수를 아예 받지 않기도
합니다. 취업을 준비하는 사람들은 인턴 경험, 공모전 수상 등 이

런저런 스펙을 갖춰놓아도, 그것이 취업과 인과로 맺어질지 확신할 수 없습니다. 역대 가장 많은 준비를 하는데도, 역대 가장 불안한 상황이 매년 갱신되고 있죠.

사회와 환경이 가만있지를 않아요. 예를 들어 비즈니스에 영어가 필요하니까 영어 점수가 취업의 중요한 요소였는데, 그런 비즈니스에서 영어의 중요성이 점점 줄어드는 거예요. 한국의 위상이 높아지면서 외국 회사에서 한국어를 하는 경우들이 늘었고, 현지화라는 이름으로 현지인들을 고용한 현지법인의 형태로 우리 회사들의 해외 진출 전략도 바뀌어 가고 있습니다. 그러다 보니 일반 직원들이 영어를 써야 할 필요가 현저히 줄어드는 거죠.

기술적으로는 번역 프로그램, 통역 프로그램들이 매년 깜짝 놀랄 정도로 발전하고 있어, 영어를 잘하지 못해도 해외 업무를 어느 정도는 진행할 수 있는 환경으로 변하고 있습니다. 이런 상황이다 보니 기업에서는 직원을 뽑을 때 영어 능력을 크게 고려하지 않아도 됩니다. 문제는 이런 상황이 2, 3년 안에서도 바뀌다 보니 대학생 입장에서는 도대체 무엇을 공부하고 준비할지 헷갈리는 거예요.

'할 수 있다'는 태도가 아니라
'그냥 한다'는 태도가 필요한 이유

사회인 입장에서는 비즈니스나 업무에서 쓰이는 무언가를 배우고 준비하고, 나름의 자기계발을 하는데도, 자신이 할 수 있는 일이 매년 줄어들고 있습니다. 1년 전만 해도 아예 몰라도 되는 것들이 1년 만에 '그걸 몰라?'로 바뀌어요. 챗GPT가 세상에 소개된 이후 1년 만에 생성형 AI가 얼마나 세상을 바꿨는지 생각해 보면 됩니다. 1년 전에는 아예 모르던 개념이었는데, 이제는 프레젠테이션 자료를 만들 때, 생성형 AI를 안 쓴다고 하면 시대에 뒤떨어진 사람 취급을 받습니다.

이런 상황에서 우리는 할 수 있는 것과 할 수 없는 것을

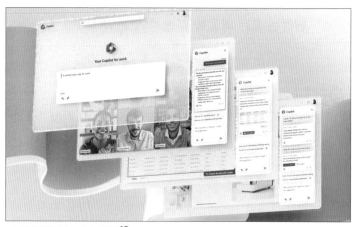

AI를 활용한 MS 365 코파일럿[12]

재단할 시간도, 여유도, 필요도 없어요. 할 수 있는 것만 한다는 태도는 매년 그만큼 더 뒤떨어진다는 것과 같은 말입니다. 주어진 것을 할 수 있다, 아니다로 재단하거나 판단할 시간이 사실상 없습니다. 일단 하면서, 해보니 그것이 유용한 것인지, 필요한 것인지 판단해야 합니다.

'할 수 있다I can do it'는 태도가 아니라 '그냥 한다just do it'는 태도가 필요한 거죠. 할 수 없다고 안 해도 되는 게 아니거든요. 디자이너가 포토샵의 AI 기능 사용을 거부하거나, 개발자가 챗GPT를 사용하지 않는다면, 자신 직업의 경쟁력을 순식간에 잃게 됩니다. 불과 1년 만에도요.

원하는 모든 배움을 얻을 수 있는 세상

모든 것은 하면서 배운다는 개념으로 접근해야 합니다. 다행히 배울 수 있는 환경은 훌륭하게 마련되어 있어요. 몇 년 전에 휴스턴에 갔을 때입니다. 다이닝 레스토랑에서 식사를 하는데, 조명이 무척 눈에 띄더라고요. 와인병을 잘라서 그 안에 전구를 넣어 만든 조명이었습니다. 그래서 아이디어 좋다 하면서, 와인병을 이용한 공예니까 한국에 가져가 볼 수 있지 않을까 하는 생각이 들었습니다. 그런데 유리병을 가공하는 일이 쉬운 것은 아니니까 기술이 필요할 거잖아요. 그래서 혹시나 하는 생각에 유튜브에 '와인병으로 조명 만들기'라고 검색하니 웬걸, 이미 엄청나게 많은 영상이 있는 거예요. 자기 작품을 자랑하는 사람부터 유리병 자르고 가공하는 방법까지 정성스럽게 알려주는 영상으로 가득 차 있었습니다. 이 정도면 한국에 가져가는 거라고 말할 수는 없잖아요. 그래서 바로 깔끔하게 포기했습니다.

자신이 원하는 배움에 대한 정보는 거의 대부분 유튜브에 있습니다. 최근 들어 더더욱 그런데요. 새로 산 전자제품의 매뉴얼을 읽기 싫으면 그 전자제품의 자세한 이름을 유튜브에 치면 사용법과 장단점을 리뷰하는 영상을 찾을 수 있습니다. AI에 관해 알고 싶으면 유튜브를 검색하면 별의별 게 다 나와 있고, 특히 온라인 공개수업 무크massive open online course, MOOC를 운영하는 대학들도 많기 때문에, 여기를 뒤지면 전 세계적으로 유명한 해당 분야 최고 전문가의 강의도 들을 수 있습니다. 《정의란 무엇인가》라는 책으로 유명한 하버드대 마이클 샌델Michael Sandel 교수의 강의도 들을 수 있고, 예일 대학교의 심리학 수업을 들을 수도 있습니다. 그것도 무료로 말이죠.

그냥 하기로 결정하고 그 결정을 실행에 옮기려고 정보를 찾으면, 자기 방에서 세계적인 석학에게 지도받을 수도 있고, 초등학생 꼬마를 만나 조언을 얻을 수도 있는 세상입니다. 그러니 해당 분야에 대해 모른다거나 낯설다는 것은 그 분야를 할 수 없는 이유가 더 이상 안 됩니다. 의지만 있다면 손쉽게 배울 수 있거든요.

영어 무식자가 할리우드 오디션을 보고 시리즈의 주연배우가 되기까지

그냥 하는 태도로 온라인을 최대한 활용해서 최대의 성과를 낸 사람이 있습니다. 할리우드에서 시리즈물과 영화를 찍은 할리우드 배우 헤이든 원인데요. 이름을 들으면 해외교포 같잖아요. 전혀 아닙니다. 헤이든 원은 한국의 토종 무명 배우였습니다. 웹드라마를 찍거나 단역으로 출연하면서 기회를 보고 있었는데, 누구에게나 그랬듯이 이 친구에게도 코로나 봉쇄가 찾아왔어요. 오디션 길이 꽉 막힌 겁니다. 이때 헤이든은 아주 낯선 것에 도전하기로 합니다. 할리우드 배우 도전이에요. 이 도전에는 '사소한' 두 가지 문제가 있었어요. 할리우드는 가본 적도 없어서 도무지 어떤 시스템인지 알지 못했고, 또 하나는 영어를 전혀 하지 못한다는 점이었어요. 그러니까 영어도 못 하고, 할리우드라고는 남들이 그렇듯 영화로 본 게 전부인 친구가 갑자기 할리우드 배우 오디션 도전을 결심한 거예요.

영어를 지금부터 배워서 '미국 여행을 할 때 맥도날드에서 자연스럽게 주문해봐야지' 정도의 목표가 아니라 '할리우드 배우 오디션을 봐서 배역을 따내야지'라고 생각한 건데요. 이 정도면 무모하다고 말할 정도를 넘어서, 그냥 코로나 후유증 중에 저런 게 있나 싶은 생각이 들 정도입니다. 가능성 면에서는 한없이 제로에 가까운 확률이죠.

하지만 헤이든은 이 목표를 정하자마자 가능할까 고민하거나 재단하지 않고, 일단 그냥 움직였습니다. 영어 회화를 배우기 시작했고, 어느 정도 기초가 쌓이자 유튜브에서 '양킹YangKING'이라는 채널을 찾아 영어를 응용하는 방법을 공부했어요. 하지만 아무래도 그냥 공부하는 것과 실전은 다르다 보니, 한계를 느낄 수밖에 없었습니다. 워킹홀리데이 같은 것을 나가고 싶었지만, 코로나 봉쇄 기간이라 그런 기회도 찾을 수 없었습니다. 그러다가 발상의 전환을 한 것이, 워킹홀리데이를 한국에서 해보자는 거였어요. 그래서 아르바이트 사이트를 뒤져서 외국인을 상대로 하는 구인 공고를 찾았어요. 그리고 마침내 미국 사람이 홍대 근처에서 하는 피자집 아르바이트를 발견했죠.

헤이든은 주인에게 가서 최선을 다해서 서비스를 제공할 테니, 자신의 영어가 늘 수 있게 기회를 제공해달라고 협상했고, 그것이 성공해서 반년 정도 실전 영어를 연습할 기회를 얻었니다. 여기서 살아 있는 영어를 익힐 수 있었다고 하죠. 그리고 한편

chapter 01 자기소개
한국에서의 행보?!

미국에 진출할 수 있었던
가장 중요한 이유는 영어

〈빨간토끼〉에 출연한 헤이든 원[13]

으로는 유튜브에서 할리우드 배우 오디션 소재로 영상을 올리는 〈로라의 꿈〉이라는 채널을 찾아 연락하면서 할리우드 오디션 관련 정보를 획득했습니다.

이렇게 다양한 방법으로 자신을 영어 환경에 노출시켜서 영어를 배우고, 할리우드에 관한 정보를 찾아본 헤이든은 실제로 오디션에 지원하기 시작해서, 할리우드 시리즈물의 오디션을 볼 기회를 얻습니다. 문제는 헤이든은 한국에 있는데, 할리우드 오디션은 당연히 할리우드에서 열린다는 거였죠. 헤이든은 여기서 승부를 거는 마음으로 아르바이트도 그만두고 할리우드 오디션에 갑니다. 다행히 또 다른 독립영화 오디션도 보러 오라는 소식이 와서, 두 개의 오디션을 볼 수 있게 된 거예요.

시리즈물 오디션 당일, 감독은 헤이든에게 "멀리서 오느라고 수고했다"는 인사를 건넸습니다. 그러자 헤이든은 "서울에서 오느라고 정말 고생했다"고 답했어요. 그러자 감독이 깜짝 놀라며 "서울이요?"라고 했다고 하죠. 오디션 장소가 LA 시내에서 1시간 정도 떨어진 곳이어서 감독이 말한 '멀리'는 LA를 말한 것이었거든요. 그런데 서울에서 왔다고 하니 그야말로 깜짝 놀란 거죠.

감독은 헤이든의 열정에 감명을 받아서 헤이든이 비자를 받는 데 스폰서 역할을 해주었을 뿐 아니라, 결국 캐스팅해서 촬영까지 하게 돼요. 예술인 비자인 O 비자는 받기가 굉장히 까다로운 비자거든요. 예전에 TV 인기 예능이었던 〈무한도전〉에서 출연자들이 단체로 미국에 가는데, 메인 MC였던 유재석만 O-1비자를 받고, 박명수나 하하 같은 다른 출연진들은 O-2비자를 받기도 했었어요. O-2는 예술인을 수행하는 수행원 비자입니다. 그만큼 업적이 분명한 사람한테만 주는 게 O-1비자인데, 헤이든이 이 비자를 받은 거예요. 헤이든의 열정을 알아본 감독의 역할이 컸다는 것을 짐작할 수 있죠.

그리고 이왕 간 김에 함께 본 독립영화 오디션도 결국 합격합니다. 헤이든은 할리우드에서 시리즈물 출연과 독립영화의 주인공이라는 두 마리 토끼를 잡은 겁니다.

헤이든의 이야기에서 주목할 만한 것은 헤이든의 결심에

서 행동까지 가는 데 걸리는 지연 시간이에요. 이 지연 시간이 제로입니다. '무언가를 해야겠다' '하고 싶다'고 느끼면 시작하는 것이 가능할지 알아보는 시간이 없어요. 그냥 일단 시작합니다. 시작하면서 알아보는 거죠. 헤이든은 매일 달리는 습관을 들이고 있다고 하는데, 아침에 일어나서 이불 밖으로 나오기 싫은 날도 있잖아요. 그런데 그런 생각이 들기 전에 눈을 뜨자마자 나온답니다. 잠이 깨서 하루 쉬고 싶다는 생각이 채 들기도 전에 말이죠.

빠른 피벗이 성공의 비결

그냥 하는 태도가 필요합니다. 생각하고 기획하고 재보고 분석하기 전에 그냥 하고 그에 대한 반응을 보고 수정해가면서 길을 찾아가는 것이 훨씬 낫습니다. 유튜브 채널을 운영하고 싶으면 철저하게 기획하고 영상을 몇 개 만들어놓고, 운영을 시작하는 것보다 그냥 영상 하나 올려서 반응을 보는 것이 더 바람직할 수 있습니다. 자신이 아무리 기획해봤자, 실제 유저들의 반응은 올리기 전까지 알 수가 없어요. 막상 영상 올렸는데 유저들의 반응이 별로면, 기획과 준비에 들었던 시간과 비용과 노력이 한꺼번에 날아가거든요. 하나 올려보고 그에 대한 반응을 보며 빠르게 대응하며 수정하는 것이 유튜브 채널을 안착시킬 수 있는 좋은 방법입니다.

기술의 발달로 세계는 빨라졌고, 무언가 시작하는 것은
쉬워졌으며, 이런저런 시도에 비용이 그다지 많이 들지 않게 되었
습니다. 그러니 할 수 있고 없음을 따지기보다는 그냥 해보고, 그
결과를 분석하는 것이 훨씬 효과적인 방법입니다. 하다 보니 아니
라고 생각되면 빨리 발 빼면 되는데요. 요즘에는 이런 행태를 끈
기 없다고 비판하는 게 아니라 피벗이 빠르다고 칭찬합니다. 피버
팅은 원래는 축을 옮긴다는 뜻의 스포츠 용어인데, 코로나 이후
사업을 빠르게 전환하거나 경력을 전환한다는 뜻으로 널리 쓰이
게 되었습니다.

할 수 있다는 태도가 아닌, 그냥 한다는 태도로
전환하기 위한 4단계 프로세스

할 수 있고 없음은 선택을 전제로 하는데, 지금 시대는 선
택이 아닌, 그냥 하는 태도가 필요합니다. 선택이 아닌 필수인 것
이 많아지고 있거든요. 예를 들어 인터넷 뱅킹 같은 것은 어르신
들은 상당히 어려워하시는데, 은행 지점이 점점 없어지면서 해야
하는 것으로 바뀌고 있어요. 돈을 뽑는 ATM^{automated teller machine: 현금}
자동 입출금기를 찾기도 쉽지 않아지고 있죠. 신용카드나 전자페이 시

스팀 같은 것들로 현금 없이 쉽게 거래할 수 있으니까요. 사회가 점점 효율화를 추구해서 이런 방향으로 향하면, 금융 거래를 하기 위해서는 인터넷 뱅킹을 할 수 있고 없느냐의 문제가 아닌, 해야 하는 것으로 접근해야 합니다.

이런 것들이 한둘이 아니에요. AI가 앞으로 이럴 거고, 자율주행차나, 웹 3.0이 또 이럴 것입니다. 그러니 새로운 것을 접하고, 도전해야 할 일이 생기면 일단 한다는 개념으로 접근해야 합니다. 이런 태도를 몸에 익혀야, 매일매일 생각하고 고민하고 결심하는 데 에너지가 절약될 수 있어요.

1	다양한 분야에 관한 관심과 실행
2	가볍게 시작하고, 너무 큰 의미 두지 않기
3	퍼포먼스에 대한 분석으로 데이터 확보하기
4	빠른 수정과 피드백, 그리고 다시 수정하는 순환 루프

❶ 다양한 분야에 관한 관심과 실행

새로운 것에 관심이 있고 호기심이 생긴다면, 아무래도 접하는 데 더 빠르고 유연할 수 있습니다. 관심이 없는 분야에 어떻게 호기심이 생길까 하는 의문이 생길 수도 있지만, 보통 새로운 것에 대한 호기심은 지식에서 생깁니다. 아예 모르면 전혀 관심이 가지 않지만, 어느 정도 알면 그다음, 그다음이 계속 궁금해지거든요.

그래서 다양한 분야에 대한 얕지만 넓은 지식이 필요합니다. 각 분야의 전문가들이 자기 분야에 관해서 말하는 정보성 유튜브 영상들도 많고, 요즘은 소규모 출판 시스템이 잘 되어 있어 책도 쉽게 출판하기 때문에 정말 별의별 분야의 책들이 나와 있거든요. 의식적으로라도 새로운 분야, 접해보지 못했던 생각들을 훑어보면서 날마다 변하는 세상에 대해 알고자 하는 자연스러운 노력이 필요합니다.

❷ 가볍게 시작하고, 너무 큰 의미 두지 않기

가볍게 시작해볼 수 있습니다. 공부를 아무리 하고 지식을 머릿속에 쌓아도 직접 경험해보는 것보다는 못합니다. 제가 〈시한책방〉이라는 유튜브를 2018년에 처음 시작했는데, 당시는 유튜브가 화제성은 높았지만 지금처럼 널리 퍼져 있을 때는 아니어서, 유튜브 채널을 만들어야지 결심하고 이것저것 준비하고 재보느라 2개월 정도가 그냥 흘러갔어요. 그런데도 도무지 시작할 엄두가 안 나는 거예요. 그래서 이래서는 안 되겠다 싶어서, 냅다 촬영하고 바로 올려버렸어요. 어차피 0명에서 시작하는데 올려놓고 수정하면 되겠다 싶은 생각에서 말이죠. 그렇게 결심하고 나서 영상을 찍느라 1주 동안 배운 것이 2개월 준비하면서 배운 것보다 훨씬 많습니다.

직접 올려놓고 보니 그 과정에서 뭐가 더 필요하다든가, 아니면 이런 것은 군이 필요 없겠다는 것을 확실히 알 수 있었고요. 처음이라 구독자도 몇 명 없고 그나마 있는 구독자도 거의 지인임에도, 대중에게 노출되었을 때의 반응 같은 것 역시 올려보니 알게 되었습니다.

자신이 마음먹은 일들에 대해서 지금은 가볍게 시작할 수 있도록 시스템이 잘 갖추어져 있습니다. 보통은 디지털이다 보니 초기 비용도 크지 않고요. 그래서 막연히 고민하기보다는 질러보고 나서 고민하는 것이 이제는 현명한 방법이 되어가고 있습니다. 과정이 이렇다 보니 실패할 확률도 굉장히 높거든요. 여기서 중요한 것은 이 실패에 큰 의미를 부여하지 않는 것입니다. 실패를 통해서 다음 행보에 관해 공부하는 것은 괜찮은데, '내가 하는 일이 그렇지 뭐'라든가 '난 뭐를 해도 잘 안 돼'처럼, 자신의 능력과 연결시켜 생각하면 안 된다는 거예요. 실패라기보다는 테스트라고 생각하고, 잘되는 게 걸릴 때까지 계속 가볍게 테스트한다는 생각으로 시도해보는 편이 좋습니다.

그리고 한 가지 일을 깊숙하게 생각하는 태도는 바람직하지 않습니다. 빠르게 변화하는 비즈니스 환경에서는 잘하던 일도 빠르게 손절하고 다음 아이템으로 가야 하는 일이 의외로 많이 발생하기 때문에, 한 가지에 천착하기보다는 여러 가지를 가볍게 터치해보는 태도가 필요합니다.

❸ 퍼포먼스에 대한 분석으로 데이터 확보하기

실패가 실패 아닌 테스트가 되려면 반드시 붙어야 하는 과정이 있어요. 그것이 바로 퍼포먼스에 대한 분석이죠. 데이터라고 할 수 있는데, 이 데이터를 얻지 못한다면 실패는 실패고 시간 낭비는 시간 낭비일 뿐이거든요. 그리고 성공한다 해도 이 데이터를 알지 못하면 그 성공이 유지될지 확신할 수가 없어요.

자기가 시도한 것에 관한 데이터를 얻는 가장 좋은 방법은 처음부터 데이터를 얻을 수 있도록 세팅해놓는 것입니다. 인스타그램에 피드를 꾸준히 올려서 인플루언서가 되고 싶다면, 그냥 시간 될 때마다 올리는 것이 아니라 사진의 종류도 이래저래 달리해 보고, 올리는 시간도 조금씩 달리해 보고, 해시태그도 다양하게 붙여보면서 데이터를 수집할 수 있게 만드는 거죠. 인풋의 차이가 있어야 아웃풋의 차이를 가늠할 수 있으니까요. 그리고 요즘 디지털 환경에서는 SNS든 스마트 스토어든 대체로 디지털 분석 도구를 제공합니다. 이 디지털 분석 도구들을 잘 활용하면 전문가 수준으로 자신의 퍼포먼스에 대한 데이터를 분석할 수 있습니다.

그런 것들을 모두 활용해서 자신의 시도와 그에 따른 퍼포먼스를 분석해야 합니다. 미래는 데이터가 기름처럼 중요해지는 시대라고 하잖아요. 바로 이 데이터를 통해서 어떤 것을 해야할지 감을 잡을 수 있고, 그것이 바로 성공으로 이르는 지도가 되거든요.

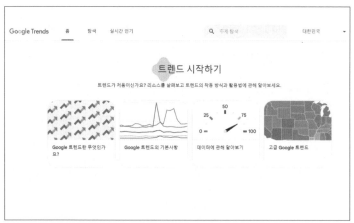

트렌드 데이터를 제공하는 분석 도구 중 하나인 구글 트렌드 화면 캡처[14]

SELF TRANSFORMATION

❹ 빠른 수정과 피드백, 그리고 다시 수정하는 순환 루프

데이터를 얻고 '그런가 보다'로 끝나면 굳이 데이터를 얻기 위해 고생할 필요가 없겠죠. 중요한 것은 그 데이터를 바탕으로 빠르게 수정하는 것입니다. 그리고 다시 테스트, 분석하고 데이터 얻고, 또 그에 맞춰서 수정…. 이런 순환 루프는 처음에만 필요한 것이 아니라 비즈니스든 직무든 서비스든 간에 그것이 지속되는 한 계속해서 이루어져야 하는 것들입니다. 워낙에 비즈니스 환경이 급변하다 보니 유지하려고만 하고 조금만 방심하면 금방 뒤떨어질 수 있거든요.

02

Society

: 사회에서의 태도

SELF TRANSFORMATION

개인이 스스로 삶의 태도를 다잡는다면, 바로 다음으로 부딪히는 것은 사회에서의 태도입니다. 진화론적으로 인간은 사회와 커뮤니티가 종족 경쟁력이었어요. 힘 있는 앞발도, 빨리 뛰게 해주는 뒷발도, 날카로운 송곳니도 없는 인간을 최상위 포식자로 만든 근본 이유가 바로 큰 무리를 지어서 같이 움직일 수 있는 능력에 있습니다.

인간은 사회 안에서 살아갈 수밖에 없고, 따라서 우리의 성취도 사회 안에서 이루어낼 수밖에 없습니다. 사회를 생각하지 않은 성취는 자기만족이지, 성취라는 말을 잘 안 쓰죠. 인간은 사회 안에서 사람들과 관계 속에서 존재할 때 가장 행복감을 느낀다는 연구 결과도 있습니다. 그만큼 인간은 사회 안에 있을 때 가장 빛나거든요. 그래서 사회에서의 태도도 자신 안에 있는 태도 이상으로 중요합니다.

사회에서의 태도라는 말은 다른 사람들과의 관계에서 우리가 기본적으로 어떤 태도를 취할 것인가 하는 문제입니다. 다른 사람을 생각하고 전체 사회를 이롭게 하는 공익적인 태도도 좋지만, 자신이 소외된다면 그 공익에는 지속성이 있을 수 없습니다. 그래서 자신에게도 결국 유익하고, 그것이 사회적으로도 도움이 되는 그런 태도들을 찾아 자기 안에 장착하는 것이 사회적 경쟁력이 됩니다. 그런 사람이 결국 사회를 발전시키는 사람이니까, 사회적으로도 무척 환영받을 수밖에 없죠.

그런 면에서 사회에서의 태도는 어떤 면에서는 성취를 성공으로 바꾸는 가장 중요한 요소일 수 있어요. 개인적인 성취를 사회적 성취로 끌어올리면 그것이 바로 성공이라는 이름으로 불리는 감각이거든요.

이제 그 사회적 태도에 관해서 말해보고자 합니다.

이기적 공동체주의자에서
이타적 개인주의자의 태도로

추석 전에 자동차가 많이 팔린 이유

한 해 중에 자동차가 제일 많이 팔리는 달은 보통은 12월입니다. 자동차 제조사들이 연말 성과를 높이기 위해서, 그리고 연식이 바뀌기 전에 재고를 처리하기 위해서라도 할인과 프로모션을 진행하는 경향이 있거든요. 그래서 소비자들 입장에서는 연말이 새 차를 구입하기에 적기입니다. 몇백만 원씩 싸게 살 수 있으니까요. 그런데 지금부터 40~50년 전에는 자동차가 가장 많이 팔리는 때가 추석 전이었습니다.

추석 전에 차를 뽑아서, 그 차를 타고 고향으로 추석을 쉬러 가는 겁니다. 서울 가서 어느 대기업에 다닌다던 은행나무집

「그라나다」는 서구 上流社会에서 인기높은 新型 6기통승용차입니다。

1970년대 부의 상징이었던 현대 그라나다의 신문광고[15]

둘째 아들이 삐까번쩍한 차를 몰고 고향으로 내려왔다는 소문은 순식간에 시골 마을을 휘감고, 옆 마을 친척들한테까지 퍼져나가거든요. 성공의 냄새를 자동차에 묻혀 퍼트리는 것이 가장 효과적이었던 때라, 차를 사려고 마음먹은 사람들은 추석을 디데이로 잡고 열심히 돈을 모았던 거죠.

　　이것이 공동체 사회의 한 모습입니다. 자동차가 필요해서 사는 것도 있지만, 고향 사람들에게 보여주기 위해서 사는 거예요. 개인의 행동은 개인의 필요와 욕구에 의해서 행해지지만, 그 욕구와 필요가 공동체적인 동기에서 발생할 수도 있어요. 남의 눈, 남의 평가가 행동의 이유와 기준이 되는 것이죠. 쉽게 말하면 대학에 가야 하는 이유나, 번듯한 회사에 들어가야 하는 이유가, 그렇게 하지 않으면 엄마의 입장에서 '동네 창피하기 때문'이라는 것입니다.

한국 사회가 이렇게 공동체적인 문화 위에 세워진 것은 농경사회 기반이었기 때문이에요. 농경사회는 공동체적인 모습을 가질 수밖에 없거든요. 모내기, 김매기 같은 대규모 작업들은 시기를 놓쳐서는 안 되기 때문에, 마을 사람들이 서로 상부상조하며 한 번에 일을 끝내야 했어요. 향약, 두레 같은 일종의 길드를 만들어 농사를 대비해야 했던 거죠. 서로 번갈아서 상대방 집의 일을 해주던 품앗이 같은 계약 관행도 만들고요. 그러다 보니 한 마을이 같이 움직이고, 같이 쉬고, 같이 놀았던 겁니다. 옆집 숟가락 개수까지 다 알 정도가 되는 거죠.

하지만 1차 산업인 농경 기반의 사회가, 2차 산업, 3차 산업, 심지어 4차 산업으로까지 가는 지금에는 이런 지역 공동체적인 생각과 행동은 어울리지 않아요. 직업이나 일들이 개인화되면서, 오히려 개인 기반의 생각과 기준들이 훨씬 유용한 사회가 되었거든요. 게다가 기술의 발달, 테크의 진화는 예전에는 5~10명이 필요했던 일을 혼자서도 감당할 수 있게 만들어줍니다.

그러다 보니 지금은 개인화를 넘어 초개인이라는 말이 나올 정도의 시대가 되었습니다. 1인 가구들이 많아진 것도 1인

가구로 살아가기가 어렵지 않아졌기 때문이에요. 밀키트, 빨래방, 음식 배달앱, 청소 서비스 등은 부부가 가사와 일을 분담해서 효율적으로 사회생활에 대비할 필요를 줄여주죠. 혼자서도 가능해졌으니까요. 아이를 낳아서 농사에 인력을 보태거나, 가게 운영에 동참시킬 필요도 없기 때문에 자녀의 필요성도 현저히 줄어듭니다. 아이들의 효용이 이런 것이라고 하면 굉장히 놀랄 분도 있을 텐데, 사실 농경사회나 심지어 산업혁명으로 인해 공장 노동이 보편화될 때도 아이들은 다섯 살 정도만 되면 '집안일을 거들 수 있는 인력'으로 인식되었기 때문에, 자식을 많이 낳았던 거예요. 특히 의학이 그다지 발달하지 않았고, 의료 혜택을 못 받는 지역이 많아서 영아사망률이 높았기 때문에 자녀는 일단 힘닿는 데까지 낳아야 했죠. 지금 한국의 출생률이 1 이하라고 걱정하는 사람들에게 이유를 물어보면 나라의 동력이 꺼지기 때문이라고 하는데, 결국 이 또한 태어나는 사람은 생산과 소비를 하는 주체라고 보는 시각입니다.

하지만 개인화된 시대에 자녀는 소비를 촉진시키지, 생산을 도와줄 수 있는 선택지는 아닙니다. 과거와 비교해 자녀에 대한 필요성이 현저히 줄어든 것이죠.

개인주의도 이기주의가 되는 순간

공동체 중심의 시대에서 가장 경계해야 할 악당은 개인주의자들입니다. 한두 명의 개인주의자가 공동체 전체가 구축한 그물망에 구멍을 내고, 그 구멍 하나 때문에 그물망 전체가 무용지물이 될 수도 있거든요. 공동체 입장에서는 개인적인 욕망과 생각을 우선시하는 개인주의자들이 큰 사고를 치기 전에 일찌감치 가려내야 할 필요가 있었습니다. 그래서 끊임없이 집단과 다른 사람이 누구인가를 찾아내야 했던 거죠. 집단과 다르게 생각하고, 다르게 행동하는 사람에게는 미리 경고해야 하니까요. 그래서 왕따 같은 집단 따돌림 문화도 생겨난 겁니다. 학급 내의 다른 아이들과 조금은 다른 친구들이 왕따의 희생양이 되곤 했습니다.

반면에 공동체 속에 속한 개인들은 자신이 공동체 안에 있다는 것을 증명해야 하니까, 남들은 어떻게 생각하는지, 남들 눈에는 어떻게 비치는지 같은 '남의 기준'에 촉각을 세우고 있어야 합니다. 이런 공동체 안에서 개인을 먼저 생각하고, 개인을 모든 가치 위에 두는 사람은 눈에 띌 수밖에 없어요. 문신하고, 머리를 노랗게 물들이고, 옷도 이상하게 입고 다니며 개인의 가치를 표현하는 것은 다른 사람들에게 해를 끼치는 것이 아님에도 불구하고, 공동체에서는 지탄받는 행동이었거든요. 공동체보다는 개인을 먼저 앞세우는 사람일 수 있다는 신호를 주는 행동이니까요.

공동체에서 가장 나쁜 사람은 이기적인 사람이에요. 자기만 알고, 자기 위주로 생각하고, 자기에게 유리하게만 행동하는 사람은 공동체에 해를 주게 됩니다. 이런 사람들은 사회가 공동체 중심으로 설계되었기 때문에, 공동체가 주는 혜택은 다 받으면서도, 공동체를 위해 자신을 희생하지는 않거든요. 결혼식이나 장례식을 할 때 축의금이나 부의금을 내는 것은 목돈이 필요한 일이니, 그 돈을 추렴해서 십시일반 도와주는 데 의의가 있습니다. 그리고 자기 집에 그런 일이 있을 때 그 돈을 다시 받는 것입니다. 그런데 이런 관습에 이의를 제기하며 참여하지 않은 사람은 이런 공동체의 문화를 깨는 사람인 거예요. 자신은 안 주고 안 받으니 합리적이라고 생각할 테지만, 그의 부모나 형제의 지인, 친척 같은 사람들은 공동체의 혜택을 받았을 테니 그의 결혼식에 찾아올 수밖에 없거든요.

자신은 개인주의적으로 행동했지만, 공동체 문화가 강한 사회에서는 그 행동이 이기적인 것으로 비칩니다. 그래서 개인주의와 이기주의는 다른 사람에게 피해를 끼치느냐 아니냐의 구분이라기보다는 그 사회가 기초 구성단위로서의 '개인'을 받아들일 준비가 되어 있느냐 아니냐의 사회학적 구분이라고 보는 편이 더 적절할 수도 있습니다.

'나'가 아닌 '우리'를 쓰는 이유

문제는 한국에서는 이런 변화가 몇백 년에 걸쳐서 서서히 이루어진 것이 아니라 6·25전쟁 이후로 100년도 안 되는 시간 안에 압축해서 이루어졌다는 것이죠. 서양에서는 공동체에서 개인으로 가는 변화가 르네상스 이후 서서히 진행되며 400~500년의 시간을 두고 이루어졌기 때문에, 개인주의 문화가 자연스럽게 자리 잡은 반면, 한국에서는 개인주의와 공동체주의가 요란하게 섞여서 공존하고 있어요. 쉽게 말하면 철저하게 공동체적 태도를 견지하고 있는 할아버지, 할머니 세대와, 변화의 시기를 그대로 겪은 아버지, 어머니 세대, 그리고 개인주의적으로 살아갈 수밖에 없는 자녀 세대가 한집에서 살고 있다는 겁니다.

가족뿐 아니라 사회의 구성도 마찬가지죠. 회사에서 이사님이나 부장님 같은 사람들은 공동체적인 태도를 가지고 있는데, 실무를 담당하는 사람들은 개인주의적인 태도를 견지합니다. 이들이 한 공간에서 부딪히면서 '꼰대' '라때는 말이야' '요즘 젊은 것들' '맑눈광' 같은 담론들이 생성되고 있어요.

하지만 이런 공존은 몇십 년만 지나면 그야말로 "예전에는 말이야"로 치부되는 일이 될 것입니다. 기술의, 사회의, 그리고 조직의 변화 방향성을 보면 개인주의 문화로 갈 수밖에 없습니다. 일하는 것, 살아가는 것, 즐기는 것 모두 '개인'에게 초점이 맞춰지고 있거든요.

이제 개인주의는 본격적인 대세로 뛰어오르고 있습니다. 공동체주의적인 마인드와 잣대를 버려야 하는 것이죠. 이것을 버리지 못한 사람들이 '라때는 말이야'를 시전하게 되는데, 이래서는 비즈니스를 운영하거나 팀을 이끄는 일을 하지 못할뿐더러, 자기 자신도 사회에 적응할 수 없게 됩니다.

20~30대는 보통 개인주의적인 가치가 앞에 있고, 60대 이상은 공동체주의적인 기준을 가지는 경우가 많죠. 그런데 X세대라고 일컬어지는 40~50대는 경계선에 있기도 합니다. 이들이 조금 더 개인주의적인 성향인가 공동체주의적인 성향인가를 알아보는 테스트로 유용한 것이 말할 때 '우리는'을 사용하는가 아닌가를 보면 됩니다.

공동체주의에 가까운 분들은 "나는 그렇게 안 하지"라고 하면 될 말을, "우리는 그렇게 안 하지" 하는 식으로 표현하는 경향이 있어요. 자기의 생각과 행동의 기준을 '나'가 아닌 공동체에 놓고 있다는 뜻으로 '우리'를 씁니다. 물론 이때의 '우리'는 실체가 없어요. '나'로 대체해도 충분할뿐더러, 사실은 '나'로 일컬어야 맞는 말이에요. 그런데 '우리'를 가지고 오는 것은 판단이나 행동이 근거를 공동체에 놓는 것이 정당성을 획득하는 길이라 믿기 때문입니다.

이타적 개인주의자들

사회가 개인화되어가는 만큼, 개인주의가 살기에 유리하고 비즈니스에도 유리한 세상입니다. 사회 안에서 성취를 이루고자 한다면, 이런 개인주의적인 생각과 기준을 이해해야 합니다. 그래야 적절한 사회적 행동을 취할 수 있고, 그에 맞는 비즈니스나 서비스를 만들 수도 있으며, 무엇보다 사회 안에서 생존할 수 있습니다.

그런데 여기서 잘못 생각하면 안 되는 부분이 있어요. 개인주의라고 해서 사회에서 혼자 존재하는 게 아니라는 말이죠. 개인주의를 지향하는 사람들은 의외로 누구 못지않게 다양한 사회적 연결을 가집니다. 다만 이때의 사회적 연결은 약한 연결이에요. 예를 들면 공동체주의적인 사람은 동아리 활동을 중시할 수 있어요. 중·장년층들이 대학 동창을 만난다고 하면 과 선후배인 경우도 많지만, 동아리 활동을 하면서 만난 사람들도 많거든요. 하지만 개인주의적인 성향이 강해진 20~30대만 해도 동아리 활동을 잘 안 해요. 그 대신 인터넷 동호회 활동 같은 것은 상대적으로 더 하는 편이죠. 동아리는 가입하기도 쉽지 않고, 특히 빠지기도 쉽지 않은 끈끈한 연결인 데 비해서, 인터넷은 접속하지 않으면 연결되지 않습니다. 가입도 탈퇴도 쉬운 것이 인터넷 동호회입니다.

인터넷 동호회에서 원하는 정보, 취향, 가치들을 공유하는 사람들과 이야기를 나누다가도, 필요 없다거나 자신의 생활이 바빠진다 싶으면 언제든 빠져나올 수 있어요. 그래서 공동체주의를 가진 사람들에 비해서 개인주의를 가진 사람들이 사람 사귀는 데도 서툴고, 낯설어 할 것이라는 인식은 잘못된 것입니다. 오히려 공동체주의의 사람들은 사람을 한번 사귀면 오래, 깊이 사귀어야 하기 때문에 다른 사람들에게 곁을 쉽게 안 주는 경향이 있을 수 있거든요. 하지만 사람을 가볍게 만날 수 있는 개인주의자들은 쉽게 친해지기도 하고, 그만큼 친화력도 뛰어납니다.

필요할 때는 네트워킹을 써서 서로 도움도 주고받고, 정보도 교환하며, 같은 가치를 위해 행동에도 나서는 식으로 연결하다가, 필요가 없으면 잠시 그 연결에서 떨어져 있으면 됩니다. 여기서 진정한 주의사항이 나옵니다. 방금 말한 대로만 네트워킹을 쓰면 어쩐지 그냥 이기적인 사람으로밖에 보이지 않죠. 연결에 참여한 다른 사람들도 아마 그렇게 느낄 겁니다. 그러니 이런 식으로 사회적 연결을 가져가는 개인주의자는 이기주의자라는 욕을 먹고, 장기적으로는 네트워킹에서 제외당합니다.

개인주의자들의 네트워킹은 그래서 개인의 시간적, 비용적, 심정적 투자가 있어야 합니다. 하지만 그렇게 되면 공동체주의와 다를 바가 없죠. 이 투자들이 개인의 생활과 경계를 침범하지 않는 수준으로 이루어지는 것이 차이점이에요. 애덤 그랜트Adam

Grant는 《기브 앤 테이크》라는 책에서 인간의 성향을 기버, 테이커, 매처의 세 가지로 나누었습니다.[16] 기버는 주려는 사람, 테이커는 받으려는 사람, 매처는 준 만큼 받는 사람입니다. 그게 돈이든 시간이든 노력이든 정성이든 선물이든 말이죠. 이는 성향의 구분인데, 이런 성향 중에 사회적으로 가장 호구 잡히는 성향은 기버입니다. 생각해보면 자꾸 누군가를 도와주려고 하니까 당연한 거라고 할 수 있습니다. 그런데 조사해보면 이 중 성공의 가능성이 가장 큰 성향 역시 기버라고 해요. 나중에 받으려고 도와준 것은 아니지만, 결국에는 기버들이 무언가를 받을 수 있는 확률이나 기회 역시 많다는 이야기예요.

받으려고만 하는 테이커들은 단기적으로는 이익을 보는 것처럼 보이지만, 장기적으로는 연결의 한 축을 차지할 수 없기 때문에, 결국에는 네트워킹에서 제외돼요. 손해 안 보려는 매처들은 철저하게 주고받기 때문에, 그를 상대하는 사람들 역시 그가 받은 이상을 돌려주려고 하지 않습니다. 반면 자신이 받는 것에 연연하지 않고, 시간과 기회가 있으면 다른 사람을 도와주려는 기버들은 때때로 이용당하기도 하지만, 그에게 많은 것을 베풀어주는 또 다른 기버를 만날 확률도 높아집니다.

바람직한 개인주의자들은 기버형 개인주의자들이에요. 조금 더 이해하기 쉽게 말하면 이타적 개인주의자들이라고 할 수 있죠. 이기적 개인주의자들은 네트워킹을 이용하기만 하려는 사람들입니다. 반면 개인주의를 말하면서 이타적인 지향점을 가지면 약한 연결로 서로 이어지면서, 필요할 때는 공동체적 대응을, 그리고 필요 없을 때는 개인의 삶을 우선시 할 수 있는 밸런스를 가진 사람들이죠. 네트워킹의 존속에도, 그 힘을 키우는 데도 이런 사람들이 필요합니다.

비건 레스토랑을 운영하는 비건이 아닌 대표

홍대와 연남동, 성수동에서 '슬런치 팩토리'라는 비건 레스토랑을 14년째 운영하는 이현아 대표는 기버형 개인주의자라고 할 수 있습니다. 창업 때부터 같이 일한 아르바이트생을 직원으로 고용하고, 레스토랑이 자리를 잡고 나서 나중에는 차까지 선물해 주었다고 해요. 자기 차를 뽑을 때보다 직원 차를 뽑을 때가 더 설레었다는 이현아 대표는 재미있는 성향이 있는데요. 비건 레스토랑을 운영하지만 그 자신은 비건이 아니라는 것이죠.

비건은 가치 지향의 공동체적인 특성이 있기 때문에, 이런 성향은 어떻게 보면 배신에 가깝습니다. 마치 걷기 동호회 회장이 걷는 걸 싫어해서 만날 전동킥보드만 타고 다니는 격이거든요. 하지만 비건 레스토랑이지 비건 동호회가 아니잖아요.

비건 전문 레스토랑 슬런치 팩토리, 연남동 본점[17]

　　보통 비건 음식이라고 하면 그런 것이 존재한다는 것 자체로 의의를 두는 경향이 있습니다. 건강한 맛이라고 에둘러 말하지만 실제로는 맛이 없다는 것을 어느 정도는 감수하거든요. 하지만 이현아 대표는 자신이 비건이 아니기 때문에 맛에 대한 기준이 높고, 그 기준에 맞도록 비건 음식을 만듭니다. 의의를 조금 더 확장해서 말한다면 자신의 개인적 가치를 공동체에 무조건 맞추는 것이 아닌, 자신의 개인적 가치도 살리면서 연결된 다른 사람들도 이롭게 하는 행위가 되는 것이죠. 그런 성향이 3년 이상 운영하기 힘들다는 비건 레스토랑을 14년째 운영해온 원동력이 된 겁니다.

이현아 대표는 홍대 미대 출신인데, 잘 안 풀리는 미대 출신 친구들을 위해 갤러리를 만들고 전시를 열기도 해요. 그리고 미술만 하다 보니 세상 물정 모르는 친구들이 많아서 시간 날 때마다 그들에게 상담을 해주고, 정보도 공유해줍니다. 이런 것들을 보면 이현아 대표는 전형적인 기버형 개인주의자예요. 시간과 노력, 심지어 비용을 들여 주위 사람들을 최대한 도와주려고 하죠. 하지만 자신의 본질적인 가치 역시 소홀히 하지 않습니다. 여러 네트워킹을 통해 찾은 기회들을 잘 활용해서, 비건 레스토랑을 스타트업처럼 개념화하고, 본격적인 투자를 받으며 사업을 확장하고 있어요. 레스토랑뿐 아니라 공장을 만들고, 밀키트 사업을 시작하고, 해외 진출도 모색하고 있는데, 그 과정에서 다른 사람들의 도움과 정보를 받고 있어요. 중요한 것은 자신이 도움을 준 사람이 도움을 되돌려준다는 개념이 아니라, 또 다른 기버들이 이현아 대표를 도와주는 것입니다. 이것이 바로 연결의 효과죠.

이타적 개인주의자로 태도의 전환 4단계

개인주의와 공동체주의는 워낙에 문화적 관습적, 태생적으로 오래 길러진 태도입니다. 이 부분을 뿌리째 바꾼다는 것은 사실 불가능해요. 그래서 의식적으로 공동체주의가 아닌 개인주의적인 사고를 지향해야 합니다. 어려워 보이지만 사실 지금 많은 사람들이 사회생활을 하면서 실천하고 있어요. '꼰대'처럼 말하지 않기, '라때는'이라는 말하지 않기인데, 조금 더 본질적으로 보자면 '자기 생각 강요하지 않기' '다른 생각도 존중해주기'입니다.

사회 분위기나 구조, 환경들이 개인을 지향하는 만큼 이런 것들을 자연스럽게 바뀌어 나갈 수밖에 없긴 한데, 우리가 연습해야 할 부분은 이타적인 사고입니다. 개인주의자로서 이기적인 사고를 하는 것은 어렵지 않은데, 이타적인 태도와 개인주의적인 지향의 균형을 맞추는 것은 연습과 노력이 필요한 부분이에요.

1 가치·취향·목표·지향점 등이 같은 모임이나 동호회 가입

2 낯선 사람들과 만나는 연습, 가볍게 커뮤니케이션하는 연습

3 도와줄 수 있는 것, 참여할 수 있는 것은 가능한 한 참여

4 조금 더 넓고 공적인 가치에 참여

❶ 가치·취향·목표·지향점 등이 같은
모임이나 동호회 가입

이타적인 태도를 연습하려면 우선, 사람들과 만날 기회를 만들어야 하죠. 매일 만나는 똑같은 친구들 말고요. 그런 친구들에 둘러싸여 있으면 그게 곧 공동체주의가 되는 거니까요, 낯선 사람과 만날 기회를 많이 찾아야 합니다. 최근에는 독서 모임이 활발해지면서 꽤 고가의 돈을 지불하는 독서 모임부터 그냥 무료로 참여할 수 있는 도서관 독서 모임까지 다양한 네트워크들이 형성되고 있습니다.

무언가를 가볍게 배운다든가, 같이 모여서 취향을 나누는 모임들도 많이 생기면서 커뮤니티 모임도 활성화되고 있거든요. 최근에는 대기업인 CJ도 커뮤니티 비즈니스에 뛰어들어서, CGV 영화관을 모임 장소로 쓰려는 시도를 하기도 했습니다. 그러니 자신이 다양한 모임에 참여할 의지만 있다면 커뮤니티를 찾는 일은 어렵지 않습니다.

❷ 낯선 사람들과 만나는 연습,
가볍게 커뮤니케이션하는 연습

낯선 사람들과 처음 만나서 인사하고, 사는 이야기 나누고 하는 일은 항상 어색하기 마련입니다. 그렇기 때문에 커뮤니케이션 연습이 필요합니다. 처음 만나는 사이에서 어느 정도의 매너를 지키는 태도와 선을 넘지 않는 호기심, 그리고 공격적이지는 않지만 너무 수비적이지만도 않은 대화의 내용 컨트롤 등 연습해야 할 부분이 많습니다.

처음 만나는 사이에서 프라이버시에 관계된 내용들, 호구 조사 들어가는 내용들은 공격적인 대화에 해당합니다. 그렇다고 날씨 이야기나 연예인 이야기로 서로에 대한 것은 아무것도 모른 채 의례적인 이야기만 하고 끝나는 것도 너무 수비적인 대화입니다. 겉돌지 않는 대화가 되려면 보여주고 싶은 만큼 서로에 관한 정보를 적절하게 공유하는 그런 대화가 일어나면 좋겠죠. 그래야 서로 간의 관계가 형성되고, 두 번째 보았을 때는 조금 더 친밀감이 형성되니까요.

물론 앞으로 볼 일 없는 사이라고 해서 막말을 할 수 있는 것은 아니죠. 앞으로 볼 사이가 아니라는 것은 끽해야 한두 달을 전제한 것이고, 언제 어떤 모습으로 다시 만나게 될지 모르니, 그럴수록 조심하고 주의해야 합니다. 한번 실수하면 만회할 기회가 좀처럼 없으니까요.

낯선 이와의 만남은 쉬운 일이 아닙니다. 그래서 훈련과 연습 같은 것들이 필요합니다. 낯선 사람들과 말하는 연습을 하지 않으면 그런 상황을 회피하게 되고, 그럴수록 자신의 네트워크가 넓어질 기회는 더 적어집니다. 낯선 곳에서 낯선 이들과 말하는 노력과 연습이 필요합니다. 성향이 내향적이어서 그런 것이 힘들다면, 커뮤니티에 참여한 모든 사람과 두루두루 말하기보다는 한두 사람과 친밀한 관계를 형성하는 대화를 해보는 식으로 시도해 보세요.

❸ 도와줄 수 있는 것, 참여할 수 있는 것은 가능한 한 참여

대화하다가 자신이 가볍게 도울 수 있는 것, 참여할 수 있는 것은 그렇게 하는 것도 좋습니다. 물론 이권이나 금전 같은 심각한 도움을 말하는 것은 아니고요, 그냥 앞서 설명한 기버처럼 행동하자는 것입니다. 우리가 다른 사람을 도울 수 있는 길은 의외로 많아요. 사소하게는 자신이 아는 정보를 링크해줄 수도 있고 (맛집 공유처럼요), 지인을 연결해줄 수도 있죠.

다른 사람을 돕는 기쁨을 느끼는 연습을 하는 것이나 마찬가지인데요. 이렇게 하다 보면 상대방이 테이커인 경우 좀 피곤해질 수도 있습니다. 받으려고만 드는 상대에게 다 맞춰주게 되니까요. 그런 경우의 대응 방법까지 모두 연습이 필요한 부분입니다. 대학의 조별 과제가 바로 이러한 부분을 연습하는 장이었죠. 이른바 프리라이더라고 해서 자신은 전혀 일하지 않고 학점만 같이 받으려고 하는 테이커들을 어떻게 상대하고 대화해야 하는가를 느껴보는 기회였을 것입니다. 그래서 조별 과제라고 하면 아직도 치를 떠는 사람들이 많습니다. 그런데 더욱 놀라운 것은 조별 과제마다 한 명씩 꼭 껴 있는 그 사람이 우리 회사에도, 우리 모임에도 한 명 이상은 있더라는 것입니다. 그러니 이런 사람들을 상대하는 연습을 미리 해두는 것이 현실적으로 도움이 될 수 있어요.

중요한 것은 이타적 개인주의자로서의 자신의 스탠스와 허용 정도를 스스로 정해야 한다는 것이죠. 그런데 상황, 조건, 상대방 등 모든 것이 다 다르다 보니, 매뉴얼을 마련하기보다는 이런 연습을 통해 자신의 감각을 키우는 편이 훨씬 현실적인 해법입니다.

조별 모임에는 꼭 프리라이더들이 있다

❹ 조금 더 넓고 공적인 가치에 참여

이렇게 네트워킹이나 커뮤니티에 참여하다 보면 조금 더 큰 가치에 공감하고, 조금 더 올바른 지향에 공명하는 자신을 발견할 것입니다. 환경이나 인권, 평화 같은 공적인 가치들에 동참하고, 조금이지만 힘을 보탬으로써 자기 자신도 만족하고, 다른 사람들과 연결되어 사회를 살아가는 감각도 느낄 수 있습니다. 이런 연결을 통해 또 다른 기회나 가능성이 생길 수도 있고요. 새로운 비즈니스 기회를 찾을 수도 있습니다.

타인을 돕는 즐거움, 보람 같은 것을 느끼며, 그런 태도를 자신의 가치, 생활과 균형 있게 맞추어봅니다.

06 | 장인정신의 태도에서 상인정신의 태도로

공장이 없어진다

세대를 거듭해서 교과서가 바뀌어도, 빠지지 않고 꼭 실리는 수필이 있죠. 윤오영의 〈방망이 깎던 노인〉인데요. 다듬잇방망이라고 세탁된 옷을 두들겨서 옷감의 주름을 펴고 부드럽게 만들기 위한 도구를 만들던 노인에 관한 이야기였죠.

차 시간은 다가오는데 내가 주문한 방망이를 만들던 노인은 이미 다 된 것 같은 방망이를 이리 돌려보고 저리 다듬어보고 하면서 도무지 줄 생각을 안 합니다. 살 사람이 좋다는 데 왜 안 내주냐고 노인을 타박해보지만, 오히려 안 판다고 큰소리를 치니, 나는 달리 어떻게 할 방법도 없어 차를 놓친 후에 완성된 방

119

SOCIETY | 사회에서의 태도

망이를 받아 갈 수밖에 없습니다. 그러면서 손님이 아닌 자기중심적으로 일하는 노인을 상도덕 없이 장사한다고 속으로 불평하며 불쾌한 감정을 꾹꾹 삭입니다.

하지만 막상 집에 가서 방망이를 아내에게 내미니 너무 좋은 방망이라며 난리가 나죠. 이렇게 맞춤한 것은 보기 드물다는 말을 듣고 비로소 참회했다는 내용인데요. 말하자면 장인정신에 관한 이야기입니다. 하나를 만들어도 만드는 이의 정성과 기술, 마음을 최대치로 불어넣어 제대로 만들어야 한다는 이야기를 가벼운 에피소드를 통해 전달하고 있죠.

하지만 이 수필은 1974년에 발표된 작품이라서 이미 반세기 전의 이야기입니다. 지금도 여전히 장인정신이 필요하다고는 하지만, 실제로 장인정신은 장인에게 필요한 것이지 상인에게 필요한 것은 아닙니다. 산업화되고 디지털화되어가는 시대죠. 소품종 다량 생산 하는 시대에서 다품종 소량 생산 하는 시대를 거쳐서 이제는 하나의 유니크한 상품을 개인 맞춤형으로 생산하는 시대에 이르렀습니다. 개인 맞춤이니 장인들의 솜씨가 필요할 듯도 하지만, 여기서 중요한 것은 적당한 가격에 빠르게 생산하는 것이 핵심입니다.

지금의 소비자들은 버스 시간에 맞춰 가버리지, 방망이가 완성되기를 기다리진 않거든요. 어차피 버스에서 내리면 또 다른 방망이를 살 다양한 기회들이 있고, 심지어 아예 버스를 타고 가면서 움직임에 따라 불까지 들어오는 방망이를 스마트폰으로 주문할 수도 있거든요.

나이키Nike나 아디다스Adidas는 스마트 팩토리를 만들 계획을 갖고 있습니다. 얼핏 스마트 팩토리는 AI화 되어서 인건비 절감을 유도하는 완전 자동화 공장이라는 생각이 듭니다. 맞는 부분도 있지만 그렇지 않은 부분도 있습니다. 스마트 팩토리의 핵심은 데이터 맞춤입니다. 생산 관리, 재고 관리 등 다양한 부분이 맞춤형으로 이루어져 남는 시간이나 인력, 비용이 없도록 정확하게 컨트롤 되는 공장입니다. 그래서 나이키가 꿈꾸는 최종형 스마트 팩토리는 아예 공장이 없는 거예요. 대리점으로 가서 자신이 원하는 디자인의 신발을 고르고(아니면 자신이 직접 디자인할 수도 있고요), 발 크기나 발볼 넓이 등을 센서가 재면, 그에 맞춰 그 자리에서 신발이 생성되는 것이 바로 최종형 스마트 팩토리죠. 재고도 없고, 모든 이들이 자기 발에 딱 맞는 신발을 살 수 있으며, 온라인상에서 디자인 선택 같은 것들이 이루어지면 넓게 진열한 매장도 필요 없습니다. 물론 공간 경험 때문에 마치 카페처럼 매장을 갖춰놓는 경우는 있겠지만, 중요한 것은 이런 맞춤형 시스템에서는 생산 공장 자체가 없어질 수 있다는 것입니다.

장인이 자신의 기준대로 맞춤해주는 것이 아니라, 데이터

미래에는 가상현실을 통해 자신에게 맞는 옷을 고르면 그 즉시 제작해주는 맞춤형 스마트 팩토리가 등장할 것으로 예상된다

를 바탕으로 소비자에게 딱 맞는 기준으로 조금 더 저렴한 가격에 물건이나 서비스가 제공될 수 있는 시대입니다. 이런 시대에 비즈니스를 하고, 회사 업무를 할 때는 그래서 장인정신이 아닌 상인정신이 필요합니다. 지금 시대에는 비즈니스에 장인정신을 끼워 넣는 순간 모 아니면 도가 되는데요. 모가 될 확률은 매우 떨어지고 도가 될 가능성은 그에 비례해 높아집니다.

손님의 화증을 불러일으킬 만큼 상도덕을 모르던 노인과 노인의 직업은 사라졌고, 예술적 방망이는 이제 박물관에 들어가야 하는 유물이 되었습니다. (이 이야기는 실화로, 이 수필가가 가지고 있던 방망이는 작가의 모교인 서울 목동에 위치한 양정고등학교 도서관에 전시되어 있다고 합니다.)

가속화되었을 뿐 아니라 다양화된 세상

유튜브에서 순간적으로 몇십만 명을 불러 모은 유튜버들의 이야기를 들어보면 보통은 그럴 만하다는 생각이 듭니다. 반대로 시간이 아무리 지나도 구독자가 늘지 않고 그대로인 채널도 이야기를 들어보면 그럴 만하다는 생각이 들기도 하죠. 들어가는 노력이 달라요. 하지만 들어가는 노력의 양이 다른 게 아니에요. 이게 진짜 슬픈 포인트인데, 잘 안 되는 채널도 들어가는 노력은 만만치 않다는 것이 문제입니다.

다른 것은 노력의 방향이죠. 잘 안 되는 채널을 무조건 열심히, 그리고 성실하게 촬영하고 편집해서 내보내요. 하지만 조회수는 떨어지고 구독자는 그나마 있는 사람들이 줄어들지 않으면 다행이죠. 그런데 잘되는 채널의 노력 포인트는 분석에 있습니다. 이미 나간 영상을 분석해서, 어느 부분에서 사람들이 이탈했는지, 어떤 섬네일을 내보냈을 때 반응이 좋은지, 제목을 어떻게 잡으면 더 많이 클릭하는지 등을 파악합니다. 그리고 더 많은 반응이 있는 방향으로 영상을 기획해서 만들고, 올리는 거죠.

자신이 깎고 싶은 방망이를 깎는 것이 아니라, 손님이 원하는 방망이를 깎는 것입니다. 하지만 이렇게 되면 좋은 방망이는 모두 없어지고 시류에 영합하는 싸구려 방망이만 남는 것 아니냐는 우려를 가질 수도 있어요. 문제는 옳은 방망이와 그렇지 않은

123

방망이가 지금 시대에 구분이 되느냐는 것입니다.

대중이 두루 즐길 만한 콘텐츠가 소설밖에 없고 그 소설을 향유하는 층도 한정적일 때 소설들은 사필귀정 같은 교훈적인 이야기를 전했어요. 그럴 때는 올바른 제품이라는 것이 있었던 거죠. 세상의 원리도 하나였고, 왕도 하나였으니까요.

하지만 지금 세상은 멀티버스가 동시에 한 공간에 존재하듯 다양성의 전장이 되었습니다. 더 이상 하나의 가치가 온 세상을 지배하지 않아요. 그래서 지금 콘텐츠들은 교훈적인 이야기라는 하나의 방향에 집중할 수만은 없죠. 여전히 교훈적인 이야기도 있지만, 때로는 악당이 주인공인 드라마도 있고, 결국에는 악이 승리하는 영화도 있습니다. 그런 것과 전혀 상관없이 재미만을 추구하는 소설도 있고, '병맛'이라고 하는 도무지 무슨 이야기를 하는지 알 수 없는 웹툰도 같이 존재합니다.

한 가지 기준을 가지고 그 기준에 맞는가 아닌가만을 바라보는 세상은 아니라는 것이죠. 돈을 좀 주더라도 오래가고 튼튼한 옷을 사는 것이 좋다고 생각하는 사람도 있지만, 빠르게 닳고 금방 헤지더라도 트렌드에 민감하게 반응하는 것이 좋다는 사람도 있습니다.

가속화되었을 뿐만 아니라 다양화된 세상입니다. 이런 세상에서 살아남기 위해서 선택하는 전략으로 장인정신은 어울리

지 않습니다. 물론 하던 것에 더욱더 집중해서 장인정신을 구축
하는 것도 하나의 전략이 될 수 있지만, 그렇게 해서 살아남는 것
은 극소수의 몇 사람뿐입니다. 축구를 하면 모두 손흥민, 김민재,
황희찬을 꿈꾸지만 한국 축구 인구 110만 명 중에 3명뿐입니다.[18]
유소년 축구를 하던 대부분의 축구 꿈나무들은 거대한 나무가
되기보다는 땔감이 되는 경우가 더 많아요.

하지만 상인정신은 이러한 시대를 살기에 조금 더 적절
한 태도입니다. 여기서 말하는 상인정신은 그냥 손님이 원하는 것
을 내준다기보다는 손님에게 필요한 것을 빠르게 분석하고 찾아
서 제공해주는 것을 말합니다. 사람들의 니즈를 파악하고, 그 니
즈에 맞게 필요한 것을 맞춤으로 만들어서 보여주는 것입니다. 니
즈는 고객의 니즈일 수도 있고 시대의 니즈, 환경이나 조건의 니
즈일 수도 있어요.

기분과 콘텐츠를 파는 레스토랑

커뮤니티 비즈니스인 '사유의 서재'의 오영재 대표는 원래
는 SK에 다니는 직장인이었습니다. 그런데 회사원 시절에 지인들
과 함께 와인과 독서 경험, 사는 이야기를 나누는 커뮤니티 모임
을 시작했는데, 그 커뮤니티 모임이 생각보다 잘되는 거예요. 커

뮤니티가 커지자 회비를 받고 모임을 이어나갔는데, 그 모임의 인원이 300명까지 늘었습니다. 300명이면 회비가 5만 원만 돼도 1,500만 원이고, 10만 원이면 3,000만 원이에요. 이 정도면 충분히 먹고살기에는 걱정 없겠다 싶었던 오영재 대표는 드디어 주머니 속에 든 사표를 꺼냅니다. (회사원들은 주머니 속에 늘 사표가 있다고 하죠.)

회비를 받긴 하지만 그 회비의 많은 부분이 늘 공간 대여에 나가기 때문에 오영재 대표는 아예 커뮤니티 전용 모임 공간을 만들어야겠다고 생각하고, 커뮤니티 회원들에게 어떤 위치가 좋을지 설문조사를 했어요. 그렇게 낙점한 장소가 강남역 근처입니다.

오영재 대표가 커뮤니티 공간 인테리어를 하던 그때 운명의 사건이 터지죠. 코로나 팬데믹 말입니다. 처음에 코로나 봉쇄가 오래갈 거라고 생각하지 못했기 때문에, 그런가 보다 정도였는데, 점점 심상치 않음을 느끼게 됩니다. 기껏 모임 공간을 마련했더니, 모임을 할 수 없는 상황이 지속되자 자금 압박에 시달리게 되죠. 오영재 대표는 여기서 일대 전환을 하게 돼요. 레스토랑을 좀 더 본격적인 레스토랑으로 시도한 거죠.

본래 커뮤니티 모임 위주로 간단한 다과와 주류 정도를 제공한다는 개념이었던 공간을, 전문적인 레스토랑으로 콘셉팅한 겁니다. 아무리 코로나 봉쇄라도 10시까지는 영업을 할 수 있었고, 사람들 역시 먹고는 살아야 하니까요. 하지만 그냥저냥의 레스토랑으로는 당연히 경쟁력 문제가 생길 것을 걱정하지 않을 수 없습니다. 오영재 대표가 유럽 여행을 할 때 보고 듣고 신기해했던 여러 가지 요리들을 접목하고, 그에 맞는 다양한 시도를 하게 돼요. 지금도 이 레스토랑의 상징 같은 라그휠 파스타 퍼포먼스는 엄청나게 큰 치즈 휠에 파스타 면을 비벼서, 치즈를 뿌려주는 것인데, 이게 SNS에 많이 공유되면서 점점 맛집으로 소문이 납니다.

그리고 원래는 독서 모임이나 과일주 모임 같은 커뮤니티 모임을 생각하고 만든 공간이라 이름도 '서재'가 붙고 인테리어도 지적인 느낌이어서 독특하거든요. 그 덕분인지 강남역 근처의

사유의 서재의 시그니처인 라그휠 파스타 퍼포먼스[19]

대표적인 소개팅 장소로 명성을 얻기 시작해요.

이때 오영재 대표는 투자를 멈추지 않습니다. 사유의 서재 2호점을 명동의 남산 근처에 마련했어요. 5층짜리 건물 전체를 매입해서 사유의 서재를 공격적으로 확장한 거죠. 이 근처에는 관광객을 위한 식당은 많아도, 그럴듯한 다이닝 레스토랑을 찾기는 좀 어려웠는데, 널찍한 공간에 파티션으로 구분한 개인실들, 그리고 전문적인 와인과 음식을 즐길 수 있는 레스토랑이 생기자 근처 기업들의 단체 수요가 폭발했습니다. 1층에는 일루지앵이라는, 유럽에서나 볼 수 있을 것 같은 굿즈샵 겸 서점을 입점시키고 2층은 카페 공간으로, 3층 일반적인 레스토랑, 그리고 5층은 프라이빗한 대관형 모임 공간으로 만들면서 그야말로 명동의 대표적인 랜드마크가 되었어요.

그리고 코로나가 지난 후로는 다시 한번 커뮤니티 모임을 부흥시키려고 하고 있어요. 오영재 대표는 사유의 서재를 음식을 파는 곳이 아닌 기분을 파는 공간으로 만들고 싶다고 합니다. 이 공간에 와서 좋은 기분을 얻고 갔으면 하는데, 그것이 음식 덕분일 수도 있고, 와인 덕분일 수도 있고, 독서 모임 덕분일 수도 있는 거죠. 그리고 무엇보다 취향이 맞는 사람들끼리 대화할 수 있는 모임이 그런 기분을 선사했다는 느낌을 주는 것이 목표라고 합니다. 정리해보면 사유의 서재는 음식과 와인을 파는 곳이 아닌 기분과 콘텐츠를 파는 곳이고, 그 보조물로 음식과 와인이 있는 공간이라는 이야기예요. 사실 독서 모임 할 때 1회 모임에 5~7만 원씩 내는데 막상 가보면 캡슐 커피 한 잔 달랑 주는 곳도 있어요. 그런데 제대로 된 식사와 와인을 제공하면서 10만 원 정도를 받는 다면, 충분히 경쟁력 있다는 겁니다. 그냥 식사와 와인을 즐겨도 1 인당 5~10만 원은 나온다고 생각한다면, 다이닝에 콘텐츠를 같이 주는 것이나 비슷하니까요.

F&B와 커뮤니티 비즈니스의 절묘한 결합

오영재 대표의 행보는 다 계획이 있는 듯이 보이지만, 지 나서 설명하니 그렇게 보이는 것일 뿐, 커뮤니티 모임 공간을 만들 면서 코로나를 염두에 둘 수 있었던 것은 아니잖아요. 그러니까 사실은 매우 빠르게 시대적 니즈와 사람들의 니즈를 파악해서 비 즈니스 모델을 전환한 결과라고 할 수 있습니다.

공간을 채울 콘텐츠로써 '모임'이 아닌 '음식'을 선택한 것 일 뿐, 공간을 중심에 놓고 생각했다는 점은 비슷해 보이기도 합 니다. 하지만 비즈니스 모델이 바뀐다는 것은 사업하는 사람에게 는 크나큰 모험임은 분명합니다. 자신이 잘 알고 자신 있는 비즈 니스 모델로 창업했는데, 갑자기 그 모델을 바꿔야 하는 거잖아요. 커뮤니티 모임 중심으로 회비를 통해 수익을 창출하는 초창기 모델과 레스토랑 비즈니스 모델은 모든 면에서 차이가 날 수밖에 없습니다.

공공연한 비밀이지만 오영재 대표는 요리도 잘하지 못했습니다. 지금이야 두 개의 직영점에 직원도 수십 명이 있으니 대표가 요리할 일은 없지만, 초창기에는 어렵게 배워가며 F&B 비즈니스에 적응해야 했었죠. SK에서 기획하던 사람이 커뮤니티 모임 비즈니스를 한다고 하면 수긍이 가지만, 레스토랑을 창업했다고 하면 먼저는 '왜?'라는 생각이 들잖아요.

정답은 하고 싶은 것을 먼저 한 것이 아니라, 해야 할 일을 한 겁니다. 사실 지금의 사유의 서재는 레스토랑에 더욱더 매진하면 단기적으로는 훨씬 더 큰 매출을 얻을 수 있습니다. 지금 가장 주목받는 성수동 근방에 지점을 하나 더 오픈하고 마케팅에 신경을 쓰면 효과적으로 확장할 수 있겠죠. 와인을 마실 수 있는 레스토랑으로서도 사유의 서재는 잘되고 있거든요.

하지만 오영재 대표는 다시 시대의 니즈, 그리고 고객의 니즈를 분석하고 더 장기적인 방향으로 콘텐츠 중심의 모임 공간으로서 사유의 서재를 만들어나가고 있어요. 파인 다이닝을 제공하는 레스토랑 자체만으로는 매주 찾을 정도의 매력을 지속시키기 어렵습니다. 같은 돈을 지불한다면 매번 같은 것이 아니라, 더 다양한 음식이나 분위기를 접해보고 싶은 것이 사람들의 마음이니까요. 그런데 모임 콘텐츠로는 사람들을 매주 오게 할 수 있거든요.

하지만 모임 콘텐츠 위주의 비즈니스로 보자면 회비를 받는 데 한계가 있습니다. 무형의 모임에 돈을 계속 내도록 하려면 철저한 관리가 따라야 하는데, 이는 마치 헬스장을 재등록하는 것과 같아서 지속적이고 안정적으로 모임을 이끌기가 쉽지 않죠. 하지만 음식과 와인에는 사람들이 돈을 내더라는 것입니다. 그래서 레스토랑과 모임 콘텐츠를 결합한 모델인 사유의 서재 비즈니스 모델은 음식과 와인에서 돈을 받고, 거기에 콘텐츠를 덧붙여 줌으로써 더 안정적인 비즈니스 모델을 구축하는 것이죠.

상인정신의 태도로 전환하기 위한
4단계 프로세스

지금의 시대는 장인정신이 아닌 상인정신이 필요한 때입니다. 필요한 것을 적재적소에 맞게 준비하고 적용하는 능력은 가속화된 변화의 시대에 필요한 생존전략입니다. 한 가지 가치에 집중하면 아무래도 시대의 흐름과 변화의 방향에 둔감해지고, 마침 그 지향점이 맞으면 좋지만 그렇지 않을 경우 차이가 점점 벌어지거든요.

변화의 흐름을 명확히 파악하고, 필요한 때에 필요한 일을 할 수 있는 것이 상인정신의 근본입니다. 시대적 니즈를 알 수 있다면, 그다음은 니즈를 충족시킬 구체적인 대안이 무엇일까를 고민하는 것이라 접근이 비교적 쉽습니다. 그러한 상인정신으로 우리의 태도를 전환하기 위해서 따라야 할 4단계 프로세스를 소개합니다.

1 | 데이터 수집의 센서 달기

2 | 데이터 해석을 통해 시대적 니즈 파악하기

3 | 니즈에 맞춰 아웃풋 설계하기

4 | 아웃풋에 대한 피드백, 그 피드백을 반영한 새로운 아웃풋

❶ 데이터 수집의 센서 달기

실제 센서를 이야기하는 것은 아닙니다. 그리고 수집해야

할 데이터도 정량적이라기보다는 정성적인 데이터입니다. 수치로 표시되는 데이터는 약간의 검색으로도 얼마든지 얻을 수 있으니, 우리에게 중요한 것은 느낌과 생각에 가까운 정성적 데이터들을 어떻게 수집할 것인가 하는 문제죠. 가장 좋은 방법 중 하나는 다양한 사람들과의 대화입니다. 여러 분야에서 활약하고 있는 사람들과 대화해보고, 모르는 부분에서 질문하고 답을 얻는 과정들이 우리의 인사이트를 자극하는 가장 효과적인 방법이에요.

그런데 사람과의 만남은 아무래도 시간과 에너지가 많이 들다 보니 한계가 있고, 보통은 범위에도 제한이 있죠. 이런 한계를 쉽게 극복하게 해주는 센서가 책과 기사들입니다. 텍스트로 된 정보들인데요. 기사는 시의성이 좋고 책은 한 분야에서의 밀도가 높죠. 의식적으로 책을 읽고 기사를 접하려는 태도를 갖는다면 반드시 양질의 데이터를 수집할 수 있습니다. 영상으로 된 정보들이 나쁜 것은 아니지만, 같은 시간 전달할 수 있는 정보의 양으로 보면 5~7배 정도의 차이가 나기 때문에 영상 정보보다는 텍스트 정보가 훨씬 효과적이거든요.

❷ 데이터 해석을 통해 시대적 니즈 파악하기

데이터를 가지고만 있으면 데이터는 결국 사멸하고 맙니다. 데이터가 생명을 가지려면 그것의 의미를 알아채고, 데이터들을 연결해서 인사이트를 만드는 작업이 필요하죠. 그 인사이트의 끝에 '그래서 사람들이 원하는 것은 무엇인가?'에 대한 답이 있죠.

예를 들어 'AI가 발달해서 특수효과가 들어가는 영상들을 쉽게 프롬프트만으로 만들어주면 사람들은 어떤 것이 필요할까?' 같은 주제로 생각을 해보는 겁니다. 결국 영화산업이라는 것이 스토리 중심의 산업으로 흘러가겠다고 생각할 수 있어요. 웹소설, 웹툰, 드라마, 영화들이 크게 구분되지 않고 막 섞이는 거예요. 사실 지금 드라마화되는 콘텐츠들을 보면 웹소설에서 히트한 것이 웹툰으로 그려지고, 웹툰의 인기작들이 드라마화되는 경우들이 많은데, 이렇게 되는 이유는 스토리의 매력도가 대중들에게 검증되기 때문이거든요. '웹툰의 경우, 일본 만화와는 다르게 처음부터 디지털로 개발되었기 때문에 지속적인 피드백과 댓글을 받는 등 상호 작용이 쉬워서, 유저들의 니즈를 상당히 반영한 모습으로 창작이 되었기 때문'[20]이라는 분석도 있습니다. 그러니까 데이터가 이미 상당수 반영된 형태로 창작이 되었다는 것이죠.

웹소설이나 웹툰이 먼저인 것은 아무래도 영화나 드라마보다는 인력이나 비용면에서 손쉽게 접근할 수 있으니까 개인 창작자들이 몰려들어 창의력이 폭발하는 부분이라 그렇습니다. 그런데 여기에 영화나 드라마 역시 손쉽게 창작이 가능해지는 거예

오픈AI에서 발표한 텍스트를 동영상으로 만들어주는 AI 소라^{Sora}가 만든 샘플 영상 캡처

요. 결국 살아남는 것은 콘텐츠의 스토리가 되는 것이죠. 아울러 지금의 영화나 드라마 산업을 구성하는 많은 부분이 빠르게 무너질 가능성이 크니 여기에 대비해야겠죠.

이렇게 한 가지 주제나 테마를 정해서 자신이 알고 있는 사실, 그리고 새롭게 검색을 통해 알게 되는 사실들을 종합해서 그에 대한 답을 찾는 과정들을 훈련하다 보면, 우리 사회의 커다란 방향성이라는 것은 크게 벗어나지 않기 때문에 일정한 방향의 흐름이 보이기 시작하거든요. 그 흐름에 바로 시대의 니즈가 있습니다.

❸ 니즈에 맞춰 아웃풋 설계하기

니즈라는 것을 알았다면 그에 맞춘 아웃풋 역시 설계해 보는 것도 재미있는 훈련입니다. AI의 발달 때문에 스토리가 더욱 중요해졌다고 하면, 스토리를 가지고 어떻게 비즈니스화할 것인가, 그런 구조를 어떻게 만들 것인가가 관건이 되겠죠. 바로 여기에 경쟁력이 달려 있기도 하고요.

지금은 지식이 보편화되고 정보가 바로 공유되기 때문에 좋은 아이디어는 거의 비슷한 시기에 나옵니다. 자신에게 진짜 좋은 아이디어가 있다고 하면, 어디선가 누군가도 분명히 비슷한 생각을 하고 있다는 이야기입니다. 승부는 누가 그 아이디어를 비즈니스화해서 돈이 되는 아이템으로 바꾸는가에 달려 있습니다. 먼저 한다고 무조건 되는 것도 아니죠. 고생은 고생대로 다 하고 사업을 접었는데, 선구자가 먼저 눈밭에 찍은 발자국을 그대로 따라와서 그 과실을 거두어가는 사람들도 있거든요. 그 타이밍을 알아채는 것도 사실은 시대적 니즈를 잘 읽는 감각에 달려 있죠.

새로운 기술에 따라 사회의 변화, 사람들의 라이프 스타일 변화를 예측해보고, 거기서 열리는 비즈니스 기회 같은 것들을 꼽아보면서, 기회를 잘 살릴 수 있는 비즈니스 모델을 만들어보는 훈련이 필요합니다. 그런 과정을 계속 반복하다가 어느 순간, 이건 진짜 되겠구나 하는 아웃풋이 세워진다면 그때는 본격적인 실천을 해도 되는 것이고요.

❹ 아웃풋에 대한 피드백, 그리고 피드백을 반영한 새로운 아웃풋

업무를 수행하는 중에 변화를 모색하거나, 실제 자기 사업을 하고 있다면 이미 있는 업무 구조를 대폭 바꿀 수는 없을 것입니다. 하지만 하던 대로만 하는 유지의 마음이라는 것은 곧 하강의 미끄럼틀 위에 선 것이나 마찬가지이기 때문에, 소폭이라도 새로운 니즈를 반영하는 변화를 적용해보아야 합니다.

그래서 나오는 아웃풋에 대해 피드백을 확인하고 이를 바탕으로 시대적 니즈와 결합해서 최적의 변화 상태를 찾아갈 필요가 있습니다. 이러한 프로세스를 자동화하면 계속해서 시대의 변화에 깨어 있으면서 자기 업무나 비즈니스에 반영할 수 있는 구조를 만들게 되는 것이죠.

나만 옳다는 태도에서 나도 옳다는 태도로

아서왕과 기사들이 굳이 원탁에 둘러앉은 이유

아서왕의 전설은 한국으로 치자면 홍길동전 같은 것입니다. 영미권에서는 그야말로 모든 사람들이 알고 있고, 이들 대부분이 사랑하는 전설이죠. 바위에 박힌 검을 뽑아 들어 왕의 자격을 증명한 아서가 왕위에 오른다는 극적인 효과는 지금도 임팩트가 무척 강렬해서, 디즈니랜드에는 아서왕의 검이 뽑히는 장면을 재현한 쇼도 펼쳐집니다. 마법사가 어른과 아이를 나오라고 해서 돌 사이에 꽂혀 있는 검을 뽑아보라고 하는데, 어른이 아무리 힘을 줘도 안 빠지던 검이, 아이가 힘을 주니까 빠지죠. 그래서 아이가 왕관을 쓰게 되는 쇼인데요. 체험하는 사람 입장에서는 매우 강렬한 경험이죠.

아서왕에 나오는 검 엑스칼리버도 유명하지만, 또 하나 유명한 것으로 원탁이 있습니다. 아서왕에 나온 마법사 멀린이나 란슬롯, 갤러헤드 같은 인물은 꽤 유명해서 대중문화나 게임에서 많이 활용하는 이름들인데요. 이들을 통칭해서 원탁의 기사라고 일컫죠. 아서왕과 원탁에 마주 앉아서 회의를 한 사람들입니다.

원탁의 기사의 구성원은 전설의 판본에 따라 다른데, 심지어 150명까지 있었다고 할 정도로 다양합니다. 아서왕의 전설은 영국에서는 그야말로 건국 신화 못지않기에 중세 시대에는 모든 왕과 귀족들이 그 전설을 따르고 싶어서, 실제 원탁을 제작하곤 했거든요. 그중에서 가장 유명한 것은 윈체스터 성의 원탁입니다. 지름 6미터, 중량은 1.25톤의 테이블로, 중앙에 '켈트, 브리튼, 그리고 로마의 지배자 아서'라고 쓰여 있습니다. 하지만 실제이 원탁에 아서왕이 앉았던 것은 아니고요, 전설에 따라 제작한거죠. 그래도 이 원탁이 13세기 중반에 만들어졌기에 그 자체로 가치가 있어서, 이것을 보려고 윈체스터 성에 들른 관광객들은 뜻밖의 광경에 깜짝 놀랍니다. 원탁이라고 하니 당연히 바닥에 놓여 있으리라 생각했는데, 높은 벽에 걸려 있거든요. 벽에 걸려 있어서 다리는 없지만 다리가 있던 흔적으로 구멍을 가지고 있다고는 합니다.

윈체스터 성에 걸려 있는 아서왕의 원탁(출처: Wikimedia Commons 제공자: Xeres Nelro)[21]

그만큼 아서왕의 전설에서 인상적인 아이콘이 원탁입니다. 원탁의 기사라는 명칭도 그렇지만, 이것이 왜 중요한 것인가 하면 원탁에서는 높은 위치와 낮은 위치의 구분이 없거든요. 그러니까 원탁이 상징하는 것은 서열 없이 평등하게 대화하는 민주적인 모습이에요.

네모난 식탁만 해도 상석이나 말석 같은 개념이 생기는데, 바로 이 서열 때문에 제후와 기사들 간에 피비린내 나는 싸움이 벌어지기도 했거든요. 그래서 아서왕은 이후부터 이런 사건이 일어나지 않게 하려고 자리에 앉을 때, 순위에 차이가 나지 않는 원형의 테이블을 사용하게 되었습니다. 그 자신도 원탁에 앉아서 다른 기사들과 동일하게 토론과 대화에 임했고요.[22]

원탁을 사용한다는 것에는 아서 왕과 기사들이 계급의 다름이나 연공 서열, 나이의 차이 등에 구애받지 않고, 서로를 존중하고 인정하며 동등하게 대한다는 의미가 담겨 있습니다.

선배를 이겨먹는 후배

〈싱어게인〉이라는 JTBC의 노래 경연 프로그램이 있어요. 노래를 해왔지만 무명인 사람, 재야의 고수, 오래된 히트곡 하나를 가진 사람, 사정상 음악을 멀리 떠나 있던 사람 등, 여러 가지 사연을 가진 사람들이 이름을 가리고 출전해서 오직 실력만으로 1위 자리를 다투는 프로그램입니다. 12호, 25호 가수 하는 식으로 이름을 가리긴 하지만 조금만 화제가 되어도 네티즌 수사대에 의해 실명이 바로 밝혀집니다. 그런 것이 재미 요소이기도 해서 이 프로그램은 꽤 인기를 끌었고, 시즌제로 제작되고 있어요.

시즌 3에서는 심사위원으로 임재범, 윤종신, 백지영, 규현, 이해리, 선미 등 가수와 작사가 김이나, 프로듀서 코드 쿤스트가 참여했었죠. 이 심사위원들은 경연 참가자의 무대가 마음에 들면 어게인 버튼이라는 것을 누르고 그렇지 않으면 버튼을 누르지 않는 역할을 합니다. 그렇게 받은 어게인 버튼의 개수에 따라 참가자들은 다음 라운드에 진출하거나 탈락이 결정됩니다.

그런데 제작진이 일부러 그랬는지 심사위원이 여덟 명이다 보니 가끔 4 대 4로 의견이 갈려서 심사위원들의 대결 구도가 일어날 때가 있어요.

1 대 1로 노래 대결을 한 경연 참가자 중에 한 명만을 다음 라운드로 보내야 하는데, 4 대 4로 동점이 나오다 보니 누구를 올려야 하나 회의에 들어갈 수밖에 없게 되죠. 이런 사태를 방지하려면 심사위원이 홀수면 되는데, 짝수로 구성한 것을 보면 제작진들의 흥미 유발 장치 중 하나인 것 같긴 합니다. 그런데 이 곤란한 상황에서 흥미를 제대로 불러일으키기 위해서는 한 가지 조건이 필요합니다. 심사위원들의 의견이 팽팽하게 맞서야 한다는 것이죠.

만약 이런 구성이 20~30년 전의 방송계에서 이루어졌다면 아마 제작진의 의도대로 흘러가지는 않았을 거예요. 의견이 갈린다고 하면 당시만 해도 선택은 선배의 의견이었거든요. 하지만 〈싱어게인〉의 심사의원들은 나이나 선후배 같은 외적인 요소에 구애받지 않고 음악적인 부분에서는 자신의 의견을 정확하고 자신 있게 표명합니다. 심사위원 중 제일 고참 선배와 제일 어린 후배는 30년 정도의 나이 차가 나지만 선배도 후배도 음악적인 견해에서는 한 치의 양보 없이 자기의 의견을 이야기하고 결론을 만들어내더라고요.

더욱 멋있는 것은 회의가 끝나고 후배 심사위원이 추천하는 가수가 다음 라운드에 진출하게 되었는데도 자신의 의견이 받아들여지지 않았다고 기분 나빠 하는 선배는 아무도 없었다는 점입니다. 어찌 보면 당연한 것 같지만, 얼마 전까지만 해도 사실 그렇지 않았어요. 제가 개그 활동을 막 시작한 20대 초년생일 때는 선배는 곧 하늘이라는 생각이 자연스러운 시절이었거든요. 과 선배님들의 이야기는 무조건 옳은 것이기 때문에 사적으로 기합을 주어도 그것이 당연한 것이라는 생각이 팽배할 때입니다.

그래서 싱어게인에서 정말 멋있는 사람은 윤종신이나 임재범 같은 나이가 좀 있는 심사위원들입니다. 나이가 어리다고 주눅 들지 않고 이야기하는 후배 세대의 심사위원들도 대단하지만, '어딜 감히'라는 생각으로 이들의 이야기를 맞받아치지 않는 선배 세대의 심사위원들은, 자신들이 당한 것을 돌려주지 않는 거거든요. 이 사람들이 후배인 시절에는 선배의 그림자도 못 밟는 (스승도 아니면서) 시절이었고, 그에 따른 군기나 규율들이 팽배하던 때였어요. 보통 그런 부당함을 겪은 사람들이 나이가 들어서 선배 포지션이 되면, 배운 게 도둑질이라고 자신도 모르게 선배들의 행동을 답습하는 게 있거든요. 예전에는 부당하게 생각했었지만, 그래도 어느 정도는 예전에 자신이 당했던 경험들을 지금의 후배들도 겪어야 한다고 생각하는 것입니다.

대놓고 자기 생각과 행동이 맞다고 후배들에게 강요하는 사람이 있기도 합니다. 자기 생각에 딴지를 거는 것에 극단적인 거부반응을 보이는 사람도 있고요. 그런데 사실 이런 경향은 꼭 나이 때문에 나타나는 것은 아니에요.

꼰대는 나이 아닌 태도의 문제

개인적으로 존경하고 좋아하는 뮤지컬 배우가 있습니다. 한국 뮤지컬계의 살아 있는 전설이라고 불리는 최정원 배우입니다. 1989년에 〈아가씨와 건달들〉로 데뷔해서, 〈피아프〉〈시카고〉〈브로드웨이 42번가〉〈빌리 엘리어트〉〈마틸다〉 등 많은 작품에서 멋진 모습을 보여주었는데, 그중에도 〈맘마미아〉에서는 1,000회 이상을 '도나'라는 주인공 역할로 공연했습니다. 세월로 따지면 약 17년째 같은 역할을 하고 있는 셈이죠.

보통은 배우가 이렇게 한 작품을 오래 출연하다 보면 저번 공연 때 했던 것 그대로 한다거나 연습에 소홀한 경우가 있는데 최정원 배우는 초심을 잃지 않습니다. 늘 아침 일찍 일어나서 발성 연습을 하고 무용으로 몸을 풀고 연습실에서도 패기 넘치는 모습으로 다른 사람들의 모범이 됩니다. 나이 어린 후배들과 공감하며, 무대에 서서 항상 최선을 다하는 최정원 배우를 보면 꼰대의 그림자도 찾아볼 수 없어요.

반면에 이제 작품 서너 개를 무대에 올려본 30대 초반의 한 배우는 공연이 끝나면 술자리에 20대 초반의 후배 배우들을 모아놓고 '연기란 무엇인가'를 장황하게 설명하며 그들의 상상력과 표현력을 우리 속에 가둬버립니다. 작품을 서너 개밖에 안 했다고 그 사람의 실력이 부족하다든가, 연기에 대해서 모른다고 생각하는 것은 아니에요. 무척 잘하는 사람일 수도 있죠. 문제는 자신의 연기관이나 생각을 후배들에게 강요한다는 겁니다. 후배들이 요청했을 때 가르쳐주면 좋은 선배고 스승이 되지만, 후배들이 요청하지 않았을 때 가르쳐주면 꼰대가 되는 거예요. 30대 초반의 그 배우는 이미 꼰대로서 충분한 자질을 보였죠.

꼰대는 나이의 문제가 아니라 다른 사람의 의견에 대한 태도의 문제입니다. 티엔디파트너스 커뮤니케이션의 HRD^{human} resources development: 인적 자원 개발 전문가 이민영 소장은 저서 《젊은 꼰대가 온다》에서 본인은 4050 세대와 다르다고 하면서 더 심한 꼰대질을 하는 사람을 가리켜 '젊은 꼰대'라고 표현합니다.[23] 예를 들면 상사에게 "어떻게 그런 것도 모르면서 팀장님이 되셨어요?"라고 하며 역꼰대질을 하는 사람도 있다는 거예요.

자기 의견을 개진할 수는 있지만, 그 의견만 맞다는 듯한 태도는 문제라는 거죠, 그것이 바로 '꼰대성'을 좌우하는 것입니다. 나의 의견이 옳을 수도 있지만 상대방의 의견도 옳을 수 있는 거거든요. 그러니 존중하는 마음으로 상대방의 의견을 듣고 그 의견이 맞을 가능성도 진지하게 살펴봐야 합니다.

무조건 다른 사람의 의견에
맞춰주는 사람도 위험하다

그런데 최근에는 재미있는 현상이 하나 생겼습니다. 꼰대, 젊은 꼰대라는 말이 널리 퍼지면서 이 단어에 경기를 일으키는 사람들이 많이 늘었습니다. 직장에서도 팀장님이 꼰대라는 말을 듣지 않도록 조심 또 조심하거든요. 워낙에 부정적인 어감으로 쓰이니까요. 그래서 또 하나의 문제가 발생하는데, 꼰대가 되어서는 안 된다는 강박 때문에 자기 의견보다는 다른 사람의 의견을 무조건 우선시하는 경우도 생겼어요.

그런데 나도 옳을 수 있지만 상대방도 옳을 수 있다는 말을 다른 면에서 보면, 나도 틀릴 수 있지만 상대방도 틀릴 수 있다는 말이기도 합니다. 상대방의 말이 무조건 맞는 것도 아니라는 거죠. 따라서 상대방에게 무조건 맞춰주는 것 역시 적절한 방법은 아닙니다. 양보하는 마음에, 혹은 책임지기 싫은 마음에 상대방에게 맞춰주다가 결과적으로 좋지 않은 결과를 얻는 일도 생깁니다.

연극이나 뮤지컬 등의 무대예술에서는 두 명 이상의 배우가 한 배역에 캐스팅되는 경우가 있습니다. 장기공연일 때 한 배우가 역할 하나를 계속 맡다가 목소리라든가 체력, 컨디션 등에서 부담이 커질 수 있어, 이런 부담(제작자에게는 리스크)을 나눠 지려는 안전장치가 더블 캐스팅입니다. 그리고 더블 캐스팅은 배우마다 캐릭터에 대한 해석이나 표현, 디테일이나 애드립 같은 것이 달라지기 때문에 관객의 입장에서는 비교해서 보는 재미가 있습니다.

하지만 너무나 다르게 표현하면 일관성이나 전체 작품의 결 면에서도 좋지 않기 때문에, 같은 역할을 맡은 두 배우가 연습 과정에서 캐릭터를 어느 정도 합의해서 구축하기도 합니다. 여러 가지 아이디어도 내고 같은 장면을 이렇게 저렇게 바꿔서 연기하면서, 여러 시도를 통해 가장 최적의 캐릭터와 장면을 만들어내는 거죠.

그런데 같은 배역을 맡은 두 사람의 의견이 다를 때는 각자 자신의 의견을 이야기하며 상대방을 설득시키곤 하는데, 두 사람의 의견이 첨예하게 다를 때는 이 합의에 꽤 많은 시간과 노력이 들어가기도 합니다. 하지만 간혹 자기 의견을 뒤로하고 같은 배역의 다른 사람 연기를 그냥 따라 하기만 하는 배우도 있습니다. 특히 이미 올렸던 작품의 재공연에 새롭게 투입된 배우의 경우는 자신의 의견을 이야기하기보다는 '원래가 그런 거겠지' '이미 검증된 것이니까 이게 맞겠지'라는 생각을 하며 자기 의견을 내세우지 않는 일도 종종 있어요.

문제는 사람마다 자기 스타일이 있다는 거죠. 지난번 공연에 구축했던 연기 스타일이 이번 공연에 투입된 사람과는 안 맞을 수가 있거든요. 그런데 무작정 자신의 개성에 맞지 않는 연기를 따르는 경우, 그 연기를 소화하는 게 힘들어지고 본 공연에서도 자신의 역량을 발휘하지 못하는 경우가 생깁니다. 이렇게 되면 자신의 실력을 의심 받는 배우도 손해일뿐더러, 보는 관객 역시 어색한 연기를 보게 되어 손해거든요. 이런 경우에는 자기 스타일에 맞는 연기를 더욱더 강력하게 주장할 필요가 있습니다. 어느 정도 타협하더라도 무작정 따르는 것이 아닌, 스스로 납득할 수 있는 수준의 연기 가이드가 필요한 거예요. 그래야 어느 정도 표현할 수 있으니까요.

사회생활을 하다 보면 나와는 다른 의견을 가진 사람을 만나는 것은 흔한 일입니다. 그럴 때 의견충돌을 일으키는 게 싫어서 상대방의 의견을 무조건 따르는 사람이 바람직한 것만은 아닙니다. 무조건 자기 의견을 따르라는 사람 못지않게 무조건 남의 의견만 따르는 사람도 위험한 거예요.

'달콤커피'와 '비트커피'는
다른 조건이라는 생각

우리에게는 자신만의 기준과 행동의 가이드가 필요합니다. 그런데 그 기준들이 고정되면 그 또한 곤란해집니다. 상황과 조건에 맞게 기준과 원칙을 찾고 그것들을 관철해 나가는 힘이 필요한 거죠.

로봇 커피 프랜차이즈 기업인 비트 코퍼레이션의 지성원 대표는 오너 대표가 아닌 다날 출신의 임명된 대표입니다. 산업체 근무를 하던 지성원 대표는 컴퓨터공학과 출신이고 공부도 곧잘 했지만, 개발보다는 기획에 관심을 가져서 시키는 것만 하지 않고 새로운 사업에 대한 기획안을 혼자서 만들어서 회사 측에 제안을 계속합니다. 그런 모습을 좋게 본 회사 측에서는 지성원 대표를 개발부서에서 사업부서로 옮겨주죠.

그러다가 지성원 대표가 진행하던 사업을 다날이 인수하면서 지성원 대표는 자연스럽게 다날로 옮기게 됩니다. 그때 새로 하게 된 사업이 '유에프오 타운UFO TOWN'이라고 연예인들에게 문자를 보내는 사업이었어요. 그래서 당시에 인기 있던 동방신기, 빅뱅, 카라, 소녀시대 등 모든 아티스트들을 다 만나봅니다.

이 사업을 어느 정도 궤도에 올리고 나서 지성원 대표는 회사에서 추진하던 오프라인 플랫폼 사업에 투입돼요. 그게 바로

'달콤커피'입니다. 유에프오 타운을 할 때는 새로운 사업이라서 기획이나 아이디어가 굉장히 중요했지만, 달콤커피는 이미 퍼스트 무버들이 있는 상황에서 뒤따라가야 하는 사업이었거든요. 그래서 지성원 대표는 유에프오 타운 때와는 달리 패스트 팔로어 전략을 씁니다. 앞선 퍼스트 무버들을 빠르게 따라가는 후발 주자들의 전략이 패스트 팔로어인데, 시장 리더들을 모방한다든가, 가격 경쟁력 등 일정 부분에서 경쟁력을 가지고 승부하는 전략입니다.

지성원 대표가 달콤커피의 패스트 팔로어 전략에서 핵심으로 삼은 것이 바로 마케팅입니다. 차별화된 마케팅으로 브랜드를 각인시켜야겠다고 생각하고, 자신이 엔터 사업 출신이라는 점을 십분 활용합니다. 인맥과 경험을 다 활용해서 드라마 피피엘 PPL, product placement: 방송 간접 광고에 집중한 거죠. 〈별에서 온 그대〉 〈태양의 후예〉 〈도깨비〉 등의 드라마에서 주인공들이 앉아 있는 무대가 되며 달콤커피는 시장에 성공적으로 안착합니다.

하지만 지성원 대표의 도전은 여기서 끝나지 않습니다. 달콤커피에서 앱으로 주문하고 자동으로 나오는 커피를 구상하다가, 로봇이 핸드드립으로 커피를 내려주는 비트커피를 고안합니다. 그리고 비트커피가 달콤에서 분사하면서 지성원 대표는 비트커피를 맡아서 다시 한번 사업 역량을 발휘하게 돼요.

비트커피를 이용하는 모습(비트커피 유튜브 캡처)[24]

　　로봇이 커피를 만들어주는 장면이 아직 고객들에게 생경
하다 보니 비트커피의 전략은 소매사업으로 직접 소비자를 만나
는 것보다는 B2Bbusiness to business:기업 간 거래로 기업에 들어가는 것이었
습니다. 사내 카페테리아에 비트커피의 기계를 들여놓고, 아침과
점심에 확 몰리는 커피 주문을 처리하는 능력을 보여준 것이죠.
그렇게 론칭한 비트커피는 점점 데이터를 쌓고 기술을 업그레이드
해 B2Cbusiness to consumer:기업과 소비자 간 거래에 본격적으로 뛰어들게 됩니
다. 지금은 200개 매장을 가진 안정적인 프랜차이즈가 되었어요.

　　이 과정에서 보여준 지성원 대표의 강점은 과거의 성공모
델에 연연하지 않았다는 것입니다. 보통 여러 사업을 하고, 앞의
사업이 성공한 사람은 그 성공모델에 빠져서 뒤의 사업들도 꿰맞

추게 되거든요. 실제 자신이 성공했던 모델이고 경험도 있으니, 다시 그 프로세스대로 하면 성공할 것이라고 생각합니다.

하지만 비슷해 보이는 사업도 막상 살펴보면 특성과 위치, 환경 같은 게 다 다르거든요. 지성원 대표는 자기 성공법칙이나 주변 전문가라고 칭해지는 사람들의 주장을 무조건 따르기보다는, 자신에게 주어진 사업의 특성과 조건들을 분석해서 그에 꼭 맞는 최적화 전략을 찾아내요. 하나만 옳다는 태도가 아니라, 환경에 따라 얼마든지 다른 것이 답이 될 수 있다는 태도를 갖는 것이죠. 다른 것에 관대하면서도, 자신이 한번 택한 전략을 최선을 다해서 실현하는 모습을 보이죠.

그러다 보니 지성원 대표는 유해 보이고 둥글둥글해 보이지만, 자신이 이뤄야 하는 것에서는 단단함과 내실이 있습니다. 그리고 그런 균형을 잘 맞췄기 때문에 달콤커피부터 비트커피까지 계속해서 성공시킬 수 있었던 것입니다.

나도 옳다는 태도로 전환하기 위한
4단계 프로세스

'나도 옳다'는 태도는 '나만 옳다'는 태도가 아니라, 다른 사람의 의견이나 생각도 옳을 수 있고, 나의 의견도 그럴 수 있다는 열린 태도를 말합니다. 그것은 과거의 나에게도 적용될 수 있어요. 한번 생각하고 정한 것을 평생 가져가는 것이 아니라, 그 상황과 흐름에 맞게 유연하게 사고할 수 있는 태도죠. 나이나 경험, 지식, 연륜 같은 것들을 존중하지만 무조건적인 추종은 하지 않는 객관적이고 신중한 태도이기도 하고요. 나도 옳다는 태도로 전환하기 위한 4단계 프로세스를 알아볼게요.

1 | 자기 의견을 분명하게 이해하고 정리하기

2 | 다른 사람을 존중하는 자세로, 다른 의견 경청하기

3 | 상대방의 관점을 내 것으로 만들어 그 관점에서 바라보기

4 | 내 의견과 상대방의 의견을 종합하고, 좋은 의견을 취하거나 절충점 찾기

❶ 자기 의견을 분명하게 이해하고 정리하기

남의 의견에 귀 기울이기 전에 먼저 해야 할 것은 자기 자신의 생각과 관점에 대한 정리입니다. 이 과정 없이 남의 이야기

를 들으면 설득되기 쉽거든요. 다른 사람의 이야기를 들어도 자기 안에 뚜렷한 주관과 생각이 있으면, 다른 사람의 이야기에서 좋은 점만 취할 수가 있는데, 이것이 없으면 이상하게 나쁜 점만 취하게 되더라고요.

자기 생각이 편향된 느낌이라면 왜 한쪽만 신뢰하게 되는지, 왜 하던 대로만 하려는 경향이 나타나는지 점검해볼 필요가 있거든요. 전에 했을 때와 지금 했을 때 조건이 같다면 하던 대로 하는 것이 나쁜 것은 아닙니다. 하지만 그렇지 않은데도 똑같이 하려고 한다면 그에 대한 자기 생각을 분명히 정리할 필요가 있어요.

❷ 다른 사람을 존중하는 자세로, 다른 의견 경청하기

그냥 듣는 것과 존중의 자세로 듣는 것은 다릅니다. 그냥 듣는 것은 아무리 경청하는 자세를 취한다고 해도, 말하는 사람 입장에서는 듣는 사람이 받아들일 생각이 없다는 사실을 느끼게 돼요. 한편 존중하는 자세라는 것은 상대의 말에 설득력이 있다면 얼마든지 받아들일 수 있다는 마음가짐으로 다른 사람의 의견에 귀 기울이는 것입니다. 그렇다고 해서 남의 의견을 무조건 받아들일 필요는 없죠. 다른 사람의 의견도 나의 의견처럼 소중한 것일 뿐, 무조건적인 지침은 아니거든요.

이런 듣기의 자세가 안 된 분들은 다른 사람의 의견을 들으면 일견 짜증이 나거나 거부감이 들 수 있습니다. 자기 의견과 다른 의견을 듣거나, 자기 계획에 관한 안 좋은 소리를 들으면 당연히 짜증 나기 마련입니다. 그렇다고 그 감정을 바로 꺼내서 말하면, 그 다른 사람은 점점 의견을 주지 않게 되죠. 그래서 그런 마음이 들 때 그런 마음을 다스리는 것이 중요합니다. 억지로 참는 게 아니라, 그런 마음이 주변의 좋은 조언을 갉아먹는 좀 같은 것이라고 생각하면서, 자기 마음을 전환해야 하는 것이죠.

❸ 상대방의 관점을 내 것으로 만들어
그 관점에서 바라보기

상대방이 이야기하는 아이디어나 관점을 진지하게 적용해서 생각해봅니다. 다른 관점을 탐색하고 이해하는 단계죠. 상대방의 관점, 자신의 관점, 그리고 제3의 관점 등 다양한 관점을 다 꺼내 보고, 각각의 장단점을 비교해보는 것입니다.

이때 중요한 것은 상대방의 관점을 나 자신의 관점처럼 적용할 때 가능한 한 객관적으로 적용하려 노력해야 한다는 것이죠. 마음에 들지 않고 자기 경험으로 체득한 법칙에 어긋난다 해도 상대방의 관점을 적용해볼 때는 그것이 맞다는 확신을 가지고

상대방의 입장에서 생각해보기

생각해야 합니다. 반론이 나오면 방어할 수 있을 정도로 의견에 동화되는 태도가 필요한데요. 그래야 자신의 의견과 객관적으로 비교할 수 있기 때문이죠. 그래서 자기 의견을 포함해 여러 의견에 대해서 의도적인 반론과 그에 따른 재반론 훈련이 그 의견들을 객관적으로 흡수하고 검토하는 데 도움이 될 수 있습니다.

❹ 내 의견과 상대방의 의견을 종합하고,
좋은 의견을 취하거나 절충점 찾기

서로 다른 관점들을 통합해 새로운 해결책이나 이해를 도출하는 과정입니다. 그런데 서로 다른 관점들이 상충할 때는 절충하는 방법만 있는 게 아닙니다. 무려 세 가지나 가능한데요. 나의 의견, 상대방의 의견, 그리고 절충안이거든요. 갈등이 있는 관점들을 함께 고려하며, 상충하는 요소들을 조화롭게 통합하는 새로운 관점을 형성하는 것도 물론 필요한 일이지만, 한쪽의 의견에 기우는 것도 좋은 방법이 될 때가 있어요. 통합이 중요하니 무조건 두 의견을 합해야 한다는 것은 강박이 되기도 합니다.

의견 사이의 판단과 선택에서 기준이 되는 것은 합리성과 상식입니다. 다만 합리성과 상식의 기준은 절대적인 게 아니라 다 상대적이라, 이 기준 자체가 자신의 편향성이 들어갈 수도 있다는 것을 인지해야 합니다.

만약 절충점을 찾기 힘들어 둘 중 하나를 따라야 하는데, 그 비율이 5 대 5라면 자기 의견을 따르는 것이 좋습니다. 만약 6 대 4 정도로 상대방의 의견이 좋다고 하더라도 역시 자기 의견을 따르는 것이 나을 수 있어요. 상대방 의견의 호감도가 7 정도인데도 자기 의견을 더 앞세운다면 이는 무모한 것이지만, 6 대 4 정도까지는 내 의견을 따라도 좋습니다. 자기 의견이기 때문에 자신이 가장 잘 알고, 책임의 무게감도 더 있죠. 그리고 자칫 책임을 져야 할 때 자기 의견이면 그나마 조금 덜 억울할 수 있거든요.

여러 의견이나 자기 내면 안에서도 생각들이 부딪히면 이런 프로세스로 생각을 거르는 과정을 시행하며 의견들을 존중하고 그 안에서 최적화된 의견을 고르는 연습을 하기를 바랍니다.

08 | 남 탓 하는 태도에서
내 탓 하는 태도로

누워서 떡 먹기가 얼마나 위험한데

실패 없는 인생의 주인공은 아직 태어나지 않은 태아 정도밖에 없습니다. 갓난아기조차도 실패를 경험하는 것이 인간의 숙명이에요. 눈을 뜨려고 하는데 잘 안 떠지고, 손을 움직이려 해도 꽁꽁 싸매져 있어서 움직일 수가 없죠. 그러니 살아간다는 것은 곧 매일의 실패를 마주한다는 의미이고, 그렇게 마주한 매일의 실패들을 하루하루 견뎌야 한다는 의미이기도 합니다.

그런데 실패를 견디는 방법은 사람마다 다릅니다. 긍정 마인드라는 포장지를 입혀서 실패를 포장해서 넘어가는 사람도 있고, 아예 실패라는 것을 인정하지 않고 우격다짐으로 실패의

158

SELF TRANSFORMATION

강을 건너는 사람도 있습니다. 그중 아마도 가장 많은 유형은 실패의 탓을 외부로 돌리는 타입일 것입니다. 타이밍, 환경, 조건, 사람들 등 외부적인 실패의 요건을 찾으려면 얼마든지 찾을 수 있거든요. 그리고 그 외부 요건 중에서도 가장 많이 언급되는 것은 '남'입니다. 남 탓만큼 실패의 원인을 돌리기 손쉬운 대상이 없어요.

'아! 그때 그 사람의 말을 듣는 게 아닌데.'

'크게 성공할 수 있다고 하더니…?'

'분명 누워서 떡 먹기라고 했는데….'

이 같은 생각들이죠.

하지만 생각해보면 누워서 떡을 먹는 일은 매우 위험하고 어렵습니다. 누워서 떡 먹기라고 말한 사람은 분명 위험성에 대한 경고를 한 셈이에요. 그걸 못 알아들은 내 잘못이죠.

그런데 여기에도 또 반전이 있어요. 실제로 알아듣는 사람도 많은데, 그 경고를 무시한 겁니다. 그러니까 자신의 판단으로 일을 벌인 것인데, 잘 안 되다 보니 그 결과에 대해 다른 사람 탓을 하고 싶은 거예요. 이른바 '잘 되면 내 덕, 안 되면 네 탓'인 겁니다.

'내로남불'은 인간의 본성

20대에게 알고 있는 사자성어를 대보라고 했을 때, 10위 권 안에 '내로남불'이 끼어있을 겁니다. 그만큼 많이 들리는 단어 이기도 하고요, 무척 사자성어 같은 느낌의 단어죠. 하지만 정식 사자성어는 아니고 그냥 네 글자로 된 말입니다. 신조어죠. 그런 데 이걸 신조어라고 말해도 되나 싶을 정도로 사실 오래된 단어 이기는 합니다. 내로남불이라고 정확하게 말한 것은 아닌데, 이에 해당하는 말이나 행동들, 비판들은 아주 오래전부터 있었거든요.

내로남불은 '내가 하면 로맨스, 남이 하면 불륜'이라는 말 을 줄인 말입니다. 이 단어는 특히 정치에서 많이 쓰이죠. 정치권 에서는 끊임없이 서로를 향해 '내로남불'이라고 비판합니다. 그러 니까 굳이 따지자면 비판하는 양쪽 다 불륜 같은 로맨스를 하고 있다는 뜻이거든요. 로맨스 같은 불륜이거나요.

내로남불은 1980년대에 유행하던 로맨스와 스캔들의 차 이라는 내용으로 처음 사용된 것으로 보입니다. 1984년에 발행된 한 잡지에 다음과 같은 구절이 나오거든요.

요즘 학생들의 농담 중에 '로맨스와 스캔들의 차이는 무 엇인가'라는 질문이 있다. 이 질문에 대한 정답은 '내가 하는 연애 는 로맨스이고 남이 하는 연애는 스캔들'이라는 것이다.

그런데 내로남불이라는 말이 이때 나왔을 뿐이지, 내로남불의 태도는 당연히 예전부터 존재했었죠.《에밀》의 저자 장 자크 루소Jean Jacques Rousseau는 프랑스 대혁명에 사상적 영향을 크게 끼친 당대의 손꼽히는 지식인이었어요.《에밀》은 지금도 교사가 되고자 하는 사람이라면, 반드시 봐야 하는 필독서로 뽑히는 교육계의 명저죠. 그런데 이런 아이들 교육의 바이블을 쓴 당사자 에밀은 정작 자신의 다섯 아이를 모두 고아원에 보냈어요.

돈이 없어 잘 키울 자신이 없었다는 게 표면적 이유인데요. 그 안에는 유약한 가정교육보다는 공공교육 기관의 교육을 받고 자라야 한다는 뜻도 담겨 있었고, 무엇보다 아이들이 뛰어놀아 시끄러운 환경에서는 글을 쓸 수가 없다는 이유가 숨어 있었습니다. 아이는 어떻게 키워야 한다는 내용이《에밀》인데, 자신은 정작 아이들을 키우지 않고 유기한 겁니다. 이로 인해 당대에 무척 비판을 받았습니다만, 지금에 와서는 더더욱 비판을 받죠. 그야말로 내로남불이니까요.

셰익스피어Shakespeare의 〈베니스의 상인〉은 유대인 샤일록의 악행에 맞서 이긴 포샤라는 현명한 여인에 관한 이야기입니다. 고리대금업자인 샤일록이 원금을 상환하지 못한 안토니오에게서 계약대로 살 1파운드를 가져가려고 하자, 안토니오의 약혼자인 포샤가 재판관으로 변장해서 피를 제외하고 살만 가져가야 한다는 판결을 내려 안토니오를 살리게 된다는 내용이에요. 하지만 법적 추론으로 살에 대한 계약을 할 때는 피까지 예측할 수 있는 범위 내의 계약이기 때문에, 이 판결은 정당하지 못합니다. 그런데도 계약에 철저한 베니스 사회는 이 판결에 열광하고, 샤일록을 희생자로 만들죠. 만약 이런 판결이 유대인 샤일록이 아니라 베니스 사람한테 내려졌다면 어땠을까요? 지금에 와서는 이 작품이 유대인에 대한 차별과 혐오를 기반으로 쓰였기 때문에 금지되어야 한다는 이야기까지 나오고 있습니다. 지금에 와서 말이죠. 그러니까 지난 400년간 서양인들은 이 작품을 권선징악이 잘 그려진 유쾌한 이야기로 향유한 것이죠. 그도 그럴 것이 셰익스피어 5대 희극 중의 하나니까요.

이렇게 보면 내로남불의 성향은 인간 본성에 내재한 것인지도 모르겠어요. 이에 관한 실험도 있는데, 본래는 내로남불을 증명하기 위한 실험이 아니었어요. 독일 쾰른대학교 호프만Hofman 교수팀은 18세부터 68세 사이의 사람들 중에서 1,252명의 남녀 실험 참가자를 모집했어요. 그리고 12시간 동안 자신이 저질렀거나 목격한 선행과 악행을 모두 적으라고 했죠. 그래서 보통 사람들의 일상에서 마주치는 도덕 실태를 데이터로 접근하려고 했습니다. 그 결과 악행에 해당하는 행동을 했거나, 관여했거나, 목격했다는 수치가 29% 정도로 생각보다 높게 나왔습니다. 여기까지가 원래 실험의 계획이었는데, 의도치 않게 하나 더 알게 된 사실이 있어요.

다른 사람의 행동을 배제하고, 자기 행동만 보고하라고 하니까, 선행 수치가 악행 수치보다 2배나 더 많이 나온 것입니다. 그런데 자신을 배제하고 타인의 행동을 보고하라고 하면 선행과 악행 수치가 1 대 1이거든요. 그러니까 자신에게는 무척이나 관대한 잣대를 들이대고 판단한다는 이야기예요. '남에게는 엄격하게, 자신에게는 관대하게'인 것이죠.

10년 동안 운영한 태국음식 레스토랑

저 역시 20대라는 어린 나이에 개그맨으로 정상의 위치까지 올랐었지만, 그 이후에는 내려오는 시간이어서 수많은 실패를 경험했습니다. 다행히도 절벽에서 떨어지는 것 같은 급전직하는 아니었지만, 단계별로 내려오는 것도 쉬운 일은 아니었습니다. 내려오는 과정에서 한 단계를 담당한 것이 요식업이었어요. 연예인이란 직업은 평생 계약직이기 때문에 언제 일이 끊어질지 모른다는 불안감이 크거든요. 그래서 10여 년 전쯤에 뭔가 안정적인 수입이 있으면 좋겠다는 생각에 음식점을 차렸습니다. 분당의 율동 공원 쪽에 있는 태국음식 전문 레스토랑이었어요. 제가 태국

10년간 운영했던 태국음식 레스토랑[25]

음식을 좋아하기도 했고, 맛 평가 역시 좋은 편이어서 과감하게
지른 거죠.

하지만 맛과 장사는 그다지 큰 관계가 없더라고요. 그래
도 저는 한번 시작하면 꾸준하게 하는 편이라 10년 정도를 운영
하긴 했어요. 10년을 운영하면 10년 동안은 그래도 괜찮았을 것이
라고 생각하는 분들이 있는데, 괜찮았던 것은 초반 몇 년뿐입니
다. 음식점을 차리면 보통은 본전치기만 돼도 계속 가거든요. 그
런데 접는다는 것은 그만큼 손해가 누적되었다는 뜻이에요. 조금
더 일찍 접었어야 했지만, 제가 10년이나 끌었던 것은 장사를 접
은 후에 사람들이 저를 조롱하며 비웃을 것만 같은 패배자의 느
낌이 들어서였어요. 자꾸 뭔가 하려는 것이 잘 안 되니까, 위축되

는 마음에 그것을 견뎌보고자 더욱더 오기를 부렸던 거고요.

그래서 그런지 레스토랑을 접은 후 제 마음은 다른 사람에 대한 원망으로 가득했습니다. 내 탓이 아닌 남 탓이 되어야 나에 대한 자책과 외부로부터의 시선이 누그러질 것 같은 느낌 때문이었던 것 같아요.

처음에 장사가 잘되는 자리라고 가게 장소를 소개해준 공인중개사도 원망스러웠고, 함께 힘을 합쳐서 성공해보자고 했던 동업자도 원망의 대상이었습니다. 왠지 저만 힘을 썼다는 생각이 들더라고요. 가게를 운영했던 매니저도 '조금만 더 제 일처럼 해주지' 하는 원망의 대상이 되었어요. 그런데 원망은 스노볼 효과가 있더라고요. 굴릴수록 커지고 커져, 결국 마음과 생각을 잡아먹습니다. '그때 그 사람들만 아니었어도'라는 생각이 레스토랑의 실패 원인으로 확고히 자리를 잡게 되더라고요.

〈빨간토끼〉를 통해 강제 성장하기

그런데 유튜브 채널 〈빨간토끼〉를 하면서 이때의 저를 돌아보게 되었어요. 〈빨간토끼〉에서 나름의 성취를 이룬 사람들의 이야기를 들어보면 정말 최선을 다해 자신의 모든 것을 비즈니스와 자기 일에 쏟아붓는 거예요. 그러면서 깨달은 것은 '내 탓'이라는 거죠. 더 중요한 것은 '내 탓이 아니어도 내 탓'이라는 겁니다.

먼저 '내 탓'이라는 말은 장사에 대한 아무런 지식 없이 시작했다는 것입니다. 장사의 기초도 모르고 무작정 '연예인이 하는 가게니까 대박이 나겠지' 하는 안일한 생각만으로 장사를 시작했으니, 해야 할 일과 하지 말아야 할 일들을 전혀 모르고 있었던 거죠. 죽을힘을 다해도 살기보다는 죽는 경우가 많은 게 장사인데, 남는 힘을 활용하는 차원에서 장사를 하려고 했으니 결국 남아나지는 않은 거예요. 이런 사장이니 주변에서 이용해 먹기도 얼마나 좋았을까, 지나고 나니 그런 생각이 듭니다.

그리고 '내 탓이 아니어도 내 탓'이라는 말은, 그래야 다음 일이라는 게 있기 때문입니다. 일이 어긋나고 잘못되었을 때 그게 상황이나 타이밍, 장소나 다른 사람 탓일 수도 있습니다. 그런데 그렇게 되면 내가 잘못한 게 없으니 다음 기회에 개선할 것도 없고, 더 나은 무기를 가지고 새로운 도전에 나설 여지가 없어집니다. 다음에는 그저 '운'이 좋기를 기대하는 수밖에 없죠.

실패에서 자신이 가진 지분이 크지 않더라도 그 지분을 찾아내어 다음에는 그 부분이라도 고쳐야 성공의 확률이 1퍼센트라도 높아지는 거잖아요. 남 탓은 원망의 마음만 크게 만들고 개선의 여지는 줄어들게 만듭니다. 다른 사람을 못 믿는 상태로 새로운 시작을 하게 되면 그것이 잘되어도 키우는 데 한계가 생기거든요.

　그러니 분명 억울한 부분이 있더라도 내 실패는 내가 책임진다는 생각으로 그 안에서 자기 잘못을 분석하고 찾아야 합니다. 온전히 다른 사람의 잘못만 있다고 해도 그 사람을 못 알아본 것 역시 자기 잘못일 수 있거든요. 그러면 다음에는 같이 일을 할 사람을 찾는 데 조금 더 신중할 수 있겠죠.

　얼핏 이렇게 되면 너무 자책하는 것 아닌가 생각할 수도 있어요. 하지만 자책과는 다릅니다. 나의 잘못을 찾아서 거기서 괴로워하는 것으로 끝나면 자책이 맞습니다만, 자기 잘못을 찾아서 거기서 개선점을 찾아 실천하는 것은 문제 해결적 사고거든요. 내 잘못을 분석하는 것은 개선 가능한 문제의 원인을 찾는 것이지, 잘못된 점이나 비난받을 만한 점을 찾는 것이 아닙니다. 이런 부분을 성공적으로 분석하고 개선점을 찾으면 자기 자신은 문제에 지배당하는 사람이 아니라 문제를 컨트롤하는 사람이 되는 거죠. 그래서 오히려 자존감이 올라가고요.

　실제로 저도 이런 문제를 풀 수 있는 태도를 갖게 된 뒤 저의 문제점과 강점이 무엇인지를 잘 파악하고 일을 진행하게 되었습니다. 저의 문제 중 하나는 어떤 일을 할 때 다른 사람에게 지나치게 의존하는 것이었습니다. 저는 최근에 생활형 숙박시설 두 곳을 매입했어요. (연예인이란 직업이 주는 불안감은 레스토랑을 하던 그때나 지금이나 여전하기 때문에, 안정적인 수익을 노릴 수 있는 무언가를 계속해야 하거든요.)

〈빨간토끼〉에서 깨달음을 얻기 전에 이 일을 했다면 분명 다른 사람의 이야기만 듣고 따랐을 겁니다. 하지만 이번에는 좀 다르게 해야겠다고 결심했어요. 건물의 위치와 주변 환경을 직접 살폈고, 그 자리에 가서 몇 시간씩 서 있으며 유동 인구도 확인했어요. 대출의 이자비용, 수익률도 계산해서 예측해보고, 세금계산서 발행도 직접 하고, 건물을 관리·운용하는 회사의 대표님을 만나서 이것저것 궁금한 것들을 알아보기도 했습니다.

이런 일을 하시는 분들에게는 당연한 일일지도 모르겠지만, 예전의 저로서는 상상하기 어려운 일이었어요. 이렇게 직접 배워나가니 어렵지만 재미있더라고요. 그러면서 든 생각은 '일이 잘못되더라도 이 과정에서 여러 가지 지식을 배웠으니, 그것만도 무언가 남겠다'는 생각이었습니다. 레스토랑을 할 때의 저와 비교해보면서 스스로에 대해 뿌듯함도 생겼고요.

만약 이번에도 제가 다른 사람에게 의지한 채 일했다면 계속해서 남 탓을 하고 스트레스를 받았을 것이고, 무엇보다 일이 잘 안 풀렸을 가능성도 컸을 거예요. 남들은 절대로 다른 사람의 일을 제 일처럼 해주지 않거든요.

개그맨이 어떻게 야나두 영어 강사가 되었을까?

그런데 때로는 어떤 일이 어긋날 때 자신의 잘못이 전혀 없거나 불가항력적인 일들도 있어요. 그럼에도 내 탓을 찾는 태도는 필요합니다. 내 탓을 찾자는 말은 실제로 '나의 실수를 찾아내자'는 말보다는 '내가 실천할 수 있는 문제의 개선점을 찾자'는 말이거든요.

개그맨 후배 중에 권필이라는 친구가 있습니다. 이 친구는 SBS 공채 8기 개그맨 출신으로 2005년 24 대 1의 경쟁률을 뚫고 SBS 희극인실에 입성한 친구입니다. 공채가 된 다음에 동기 중 가장 먼저 무대에 서며 승승장구하는 듯했는데, 일이 잘 안 풀려서 무명의 시절을 겪어요. 그러다가 우리에게 '웃찾사'로 더 잘 알려진 공개 코미디 〈웃음을 찾는 사람들〉에 올렸던 '부산특별시'라는 코너가 반응을 좀 얻습니다. 하지만 웃찾사는 결국 폐지되죠.

갑작스러운 웃찾사의 폐지는 일개 개그맨에게는 어떻게 해볼 수 있는 상황은 아니었어요. 조금 더 유명해져서 방송국을 넘나드는 개그맨이 되었다면 좋았겠지만, 일단 그런 기회들이 지나가 버린 상황에서 프로그램이 폐지까지 되었으니 도전해볼 길이 막힌 셈입니다.

그런데 이때 한창 스타트업으로 뜨는 야나두라는 영어 업체가 권필에게 연락을 합니다. 프로그램에서 아나운서 역할을 맡고 있으니 그 이미지를 살려서 뭔가를 같이 해보자는 제안이었어요. 권필은 처음에는 이 제안을 거절했다가, 나중에 다시 찾아갑니다. 원래는 한 명이라도 웃길 수 있다면 개그맨 한길을 계속 가겠다는 생각이었지만, 웃음에 배움까지 준다면 더 좋은 것 아니냐는 대표의 말에 공감하고 그때부터 7개월 준비 기간을 거쳐서 야나두에서 왕기초영어를 가르치게 돼요.

권필 같은 경우는 웃찾사가 없어지고, 일이 잘 안 풀릴 때 소주잔을 펼친 것이 아니라 영어사전을 펼친 겁니다. 자신이 개선하거나 바꿀 수 없는 일에 좌절하기보다는 자신이 할 수 있는 다른 일을 찾아 나선 겁니다. 시대 탓, 방송국 탓, PD들 탓으로 시간을 버릴 수도 있었지만, 자신이 하는 일, 할 수 있는 일에 집중한 거예요. 다른 방송사에서도 공개 코미디가 점점 없어지는 추세였어서, 자신의 장점이던 개그를 살릴 수는 없었지만, 남들 앞에서 이야기하고 배움에 웃음을 얹어서 줄 수 있는 비슷한 일을 찾은 겁니다.

선생님으로서 권필의 장점은 유학파 출신도 아니고 자신도 어렵게 공부해서 강의를 준비한 만큼, 초보들의 고충을 십분 이해한다는 점이었습니다. '그걸 왜 모르지?'가 아니라 '그걸 모를 수 있으니 이렇게 쉽게 알려줘야지'라고 선제적으로 생각할 수 있다는 것이죠. 그리고 그것을 개그맨 출신답게 쉽고 재미있게 정리했습니다. 그 덕분에 영어의 왕초보들도 따라갈 수 있는 강의가 탄생한 것이죠. 그리고 또 개그맨 출신이기 때문에 연예인반을 따로 운영했어요. 수많은 연예인이 권필의 지도하에 기초적인 영어를 배웠고, 권필을 영어 선생님으로 홍보해주기도 했죠.

내 탓 하는 태도로 전환하기 위한 4단계 프로세스

안 좋은 일, 잘 안 풀리는 일에서도 자신이 할 수 있는 일을 찾아내자는 것이 바로 남 탓하지 말고, 내 탓 하는 태도를 가져야 한다는 것입니다. 그렇다면 우리가 내 탓 하는 태도로 전환할 수 있는 프로세스는 어떤 것이 있을까요?

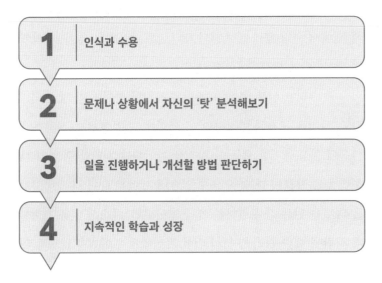

1 인식과 수용

2 문제나 상황에서 자신의 '탓' 분석해보기

3 일을 진행하거나 개선할 방법 판단하기

4 지속적인 학습과 성장

❶ 인식과 수용

문제가 발생했을 때 타인이나 외부 상황에 책임을 돌리는 대신, 상황을 객관적으로 평가하고 자신의 역할을 인식하는 것이 중요하다는 사실을 먼저 인정해야 합니다. 자신의 행동, 결정, 그리고 그 결과에 대한 책임을 인정하는 태도를 가져야 하죠. 여기서 자신의 탓으로 하길 거부하는 이유는 자기 탓이라고 인정하는 순간 자신의 못남과 약함을 공인하는 꼴이라는 무의식이 작용하기 때문입니다.

그래서 자신의 잘못을 찾는 것은 자신의 문제점을 찾는 게 아니라 일의 문제점을 찾는다는 생각을 가져야 합니다. 더 나은 다음을 만들기 위해 일에서 문제점을 분석하고 개선점을 찾는 것이고, 그 개선점이 남보다는 나에게 있어야 실천도 쉽기 때문에, 일에서 먼저 공략할 개선의 포인트를 찾는다는 것이 이 작업의 핵심이라고 생각해야 합니다.

그리고 설혹 내 탓을 하다가 자신의 약점에 가 닿게 되더라도, 그것을 정확히 인식하면 이 기회에 그 부분을 개선하거나, 다음에 일을 계획할 때는 그 약점을 감안하고 계획할 수 있기 때문에 성공 확률이 더 높아질 수 있습니다. 예를 들어 자신이 사람을 다루는 일은 잘 못한다는 것을 알았다면, 다음에 일을 계획할 때 사람에 대한 관리 부분의 일이 자신에게 주어지지 않도록 위

임하는 식인 거죠. 그 시간과 노력에 제품 개발이나 영업 활동에
매진하는 편이 더 나을 수 있으니까요.

❷ 문제나 상황에서 자신의 '탓' 분석해보기

문제 상황이나 실패에서 본격적으로 자기반성을 해봅니
다. 외부적 문제를 자기 자신의 내부적 요인과 연결 지어 생각하
는 거죠. 자신의 행동 패턴, 습관, 태도를 비판적으로 평가하고,
개선할 방안을 모색합니다.

이때 중요한 것은 일의 잘못된 점을 찾을 때 그것이 자기
캐릭터 자체의 근본적인 문제라기보다는 이 일에 한해서 잘못된
점이라고 생각하는 것입니다. 자칫 자기 자신에 대한 비하가 되어
자존감 하락으로 이어질 수도 있으니까요. 예를 들어 어떤 일을
너무 급하게 추진하다 틀어졌을 경우, '나는 왜 이렇게 인내심이
없을까?'라고 생각하는 게 아니라, '이번 일에서는 인내심을 발휘
하지 못했구나'라고 하면서 이번 일로 탓의 범위를 좁히는 거죠.

❸ 일을 진행하거나 개선할 방법 판단하기

실제적인 행동의 변화로 이어지지 않으면 이렇게 스스로
를 탓할 이유가 없죠. 자신이 생각한 문제의 원인을 어떻게 개선
할 것인지, 대안을 생각해야 합니다. 당장 다음번 일에 들어가지

조금 더 발전적인 문제 해결 태도 갖기

않더라도 이번 일에서 얻은 교훈을 어떤 식으로 보완할지 미리 생
각해 놓아야 필요할 때 쓸 수 있습니다. 또 막상 일이 닥쳐서 생각
해야지 하고 미루면 (보통 실패를 두 번 다시 돌아보기 싫어서 일부
러 기억을 희미하게 하고, 돌아보지도 않으려는 사람들이 의외로 많
아요) 똑같은 실수를 반복하게 됩니다.

　　　일이 틀어진 부분에 관해서 자기 책임을 인식한 후, 실제
로 행동을 변화시키는 것이 중요합니다. 새로운 상황에서는 과거
의 패턴을 반복하지 않고, 책임감 있는 태도를 보이며 문제 해결
에 적극적으로 임해야 합니다. 예를 들어 소극적인 태도가 문제
였다면 굳이 일이 아니더라도 평소에 조금 더 적극적인 행동을
하려고 노력한다든가, 책임을 회피하는 태도가 문제였다면 더 책

임감 있게 하나하나 배우려는 자세를 만드는 것이죠.

이때 문제의 원인 부분에서 자신이 컨트롤할 수 없는 부분도 많겠지만, '컨트롤할 수 없다'는 것은 알아도 어찌할 수 없다는 것이니까, 이 부분은 놓아두고 자신이 컨트롤할 수 있는 부분에 집중해야 합니다.

❹ 지속적인 학습과 성장

자기 책임을 인식하는 것은 한 번의 과정이 아니라 지속적인 학습과 성장의 과정입니다. 다음번 일을 성공시키기 위한 것도 있지만, 더 근본적으로는 자기 자신을 변화시켜서 언제나 성공할 수 있는 시스템을 갖추려는 노력인 거죠. 그래서 더욱더 완벽한 적용을 위해서는 실패에서뿐 아니라 성공한 사례에서도 조금 더 스스로 부족한 점, 개선할 점을 찾고, 자기 행동과 결과를 정기적으로 평가하며, 필요한 경우 조정을 통해 지속적으로 개선해나갈 필요가 있습니다.

03

Work
: 일에서의 태도

지금까지 자신의 삶과 사회에서의 태도를 보았다면, 지금부터는 조금 더 실질적인 태도에 관해 말해보고자 합니다. 바로 일에서 나타나는 태도입니다.

자기 일을 대하는 태도, 자기 일을 발전시키고 가치를 부여하려는 태도 등은 실제적인 성취와 성공의 도구가 됩니다. 그리고 일이라는 것은 어느 정도의 경제적 성취를 넘어가면 스스로의 만족과 관계되기 마련입니다. 일을 통해 타인에게 인정받고 마지막에는 스스로 충만하게 느끼는 단계에 이릅니다. 일에서 성취를 이룸으로써 결국 자아실현에 이르는 것입니다. 그러니까 일에 대한 태도는 자신의 삶을 윤택하고 빛나는 것으로 만들기 위한 구체적인 도구가 되는 것이죠.

어떻게 일을 부담이 아닌 보람으로 느낄 것인가, 최소한의 노력으로 최대한의 효과를 거둘 것인가, 일에 짓눌리지 않고 일을 즐길 것인가에 관한 힌트들이 바로 이 일에서 나타나는 태도에 들어 있습니다.

일에 대한 태도를 잘 설정한다는 것은 '먹고사니즘'에 지배당하지 않고 즐겁게 일하며 큰 성취까지 챙길 수 있는 치트키를 단 것이나 마찬가지입니다.

일에 대한 태도를 알아보도록 하겠습니다.

09 주인의식을 가지는 태도에서 주인이 되는 태도로

주인공이라는 말은 어디서 왔을까?

주인공主人公은 이야기의 중심인물이죠. 사건의 주체이기도 합니다. 워낙에 자연스럽게 주인공이라는 말을 쓰다 보니 이 한자의 쓰임새가 조금 이상하다는 사실을 깨닫기가 힘듭니다. 공公이라는 말이 붙은 모양새가 생뚱맞다는 생각 안 해보셨을까요? 공이라는 말은 '공께서는' '사마공이…' 하는 식으로 다른 사람을 높일 때 쓰는 말이에요. 그러니 우리가 아는 의미와 주인공의 한자 의미가 맞나 싶죠.

주인공이라는 말은 불교에서 유래된 말이라는 설이 있어요. 《무문관無門關》이라는 선어록이 있는데, 여기에 사언 스님은 매

181

WORK | 일에서의 태도

일 자신에게 "주인공" 하고 묻고는 "예" 하고 대답했다고 합니다. 그러고 나서 "항상 깨어 있어야 하네. 남에게 속아서는 안 되네" 하고 당부했다죠.[26]

하지만 《무문관》에 나오는 주인공이라는 표현은 주인옹主人翁과 같은 표현으로, 자기 마음에 공경의 의미로 점잖게 부를 때 덧붙이는 호칭인 옹翁이나 공公을 붙여서 부르는 말입니다. '주인공' 하고 부르는 것은 자기 마음이나 의식을 부르는 행위라는 것이죠. '이봐, 나 자신!' 정도의 의미인 거예요. 그러니까 이때 '주인공'이라는 말은 우리가 아는 스토리의 중심인물이라는 개념이 아니라는 겁니다.[27]

오히려 영어의 프로타고니스트protagonist나 히어로hero를 번역하는 과정에서 불교의 용어를 차용해서 붙인 것이라는 설이 조금 더 신빙성이 있습니다. 일본의 메이지 시대에 쓰보우치가 근대소설론을 쓰면서 프로타고니스트라는 말을 본존本尊으로 쓸까 주인공으로 쓸까 고심하다가, 주인공을 쓴 후부터 주인공이라는 말이 퍼지게 되었다고 하죠.

그러니까 지금 한국에서 쓰는 주인공이라는 말은 '자기 마음'이라는 뜻보다는 '자기 삶을 경영하는 주체로서의 자기 자신'을 일컫는 말이 되어 있죠. 그러니까 불교적인 뜻보다는 영어의 프로타고니스트라는 말에 더 가까운 것입니다.

적당히 일하면 개인의 성장도 적당히 멈춘다

영어의 프로타고니스트라는 말은 '1차적'을 뜻하는 프로
토proto와 싸움꾼을 뜻하는 아고니스트agonist라는 말이 합쳐진 거
예요. 제일가는 경쟁자, 중심이 되는 투쟁자라는 뜻인데, 서구권
에서는 인생을 투쟁이나 생존 경쟁으로 보았기 때문에, 이것이 결
국 이야기를 이끌어가는 인물을 뜻하게 된 것이죠.[28]

주인공은 삶을 스스로 경영하고, 자기 자신의 이야기를
만들어가는 인물입니다. 그래서 자기 삶에서 능동적이고, 자신의
선택에 적극적이죠.

월급 뤼팽이어도 체포되지는 않는다

그런데 최근의 현대 사회는 우리를 우리 삶의 중심에 두지 않는 경우가 많아요. 내 삶의 주인공은 나일 수밖에 없지만, 나는 주인공 캐스팅을 거부하고 단역만 맡으려고 합니다. 그러니 불일치가 발생하고 위화감이 들 수밖에 없죠.

우리 삶에서 시간이나 비중에서 큰 포지션을 차지하는 것이 직장이고 일이잖아요. 그런데 이 직장에서 우리는 도무지 주인공 의식을 가질 수가 없는 거예요. 왜냐하면 실제로 회사의 주인이 아니니까요.

직장인들이 더 고민할 수 있고 능력을 더 발휘할 수 있는데도 자신의 최선을 직장에 선뜻 내어주지 않는 이유는 그래봐야 자신에게 이득이 더 되는 것도 아니기 때문입니다. 6시에 1분도 넘기지 않고 정확히 퇴근하는 사람이나, 주말에도 아이디어를 정리하면서 회사 일을 하는 사람이나 월급에는 그다지 차이가 없습니다. 아무리 열정을 다해 회사를 키워도, 자신에게는 회사 지분이 한 푼도 돌아오지 않습니다. 최선을 다해서 적극적으로 했다가 잘되면 그런가 보다 하고 넘어가고, 잘 안 되면 책임만 지는 꼴을 몇 번 당하거나, 혹은 주변에서 그렇게 되는 것을 보면서, 직원들은 회사에 주인의식을 가져서는 안 되겠다고 인식한 것이죠. 주어진 일만 하다가 퇴근해도 월급 뤼팽이라는 말은 들을지언정, 실제로 도둑은 아니기 때문에 체포되지는 않거든요.

하지만 이런 자세로 좋은 성취를 보이는 사람은 많지 않습니다. 월급 받으며 일하다가 어느 순간 '내가 이렇게까지 할 필요가 있나' 하는 의심이 들 때가 있는데, 바로 거기가 우리가 성장할 수 있는 한계선이 됩니다. 마치 내 일처럼, 내 회사처럼 일하는 사람에게 항상 기회가 오는 것은 아니지만, 기회가 올 가능성이 조금 더 생기죠. 그리고 이렇게 자기 회사를 경영하듯이 회사 일을 한 사람은, 스스로도 경영하려는 마인드가 있어서, 반드시 더 좋은 길들을 찾게 됩니다.

야구선수 추신수가 대타를 안 쓰는 2회부터
대타 나갈 준비를 했던 이유

한국인 메이저리거인 추신수 선수는 메이저리그에서만 15년을 뛰었습니다. 추신수가 2013년에 텍사스 레인저스와 맺은 7년간 총 1억 3,000만 달러의 계약은 한국인 최초의 1억 달러가 넘는 엄청난 계약이었어요. 2018년에는 52경기 연속 출루하며 메이저리거 최다 연속경기 출루 기록을 세웁니다. 한국인 타자로는 최초로 미국 프로야구 올스타전에 출전하기도 하고요.

하지만 이렇게 잘나간 추신수에게는 7년간의 마이너리그

생활이라는 어려움이 있었어요. 예능 프로그램에 나와서 어려웠던 그 시절 이야기를 종종 하는데요. 마이너리그에서는 경기 전 식사로 식빵, 땅콩잼, 딸기잼밖에 안 나오는데, 이걸 또 집에 싸가서 생활비를 절약했다고 해요. 피자 한 판을 시켜서 3일 동안 먹기도 했다고 합니다.[29]

추신수는 마이너리그에서 그렇게 어렵게 야구를 하면서 경험을 쌓고 실력을 쌓으며 버텨서 드디어 메이저리그에 데뷔할 기회를 얻게 돼요. 추신수의 아내가 그 경기를 TV로 보았는데, 2~3회부터 더그아웃 카메라에 추신수의 모습이 잡혔다고 합니다. 그런데 추신수는 장갑을 끼고, 방망이를 쥐고, 헬멧도 쓰고 감독 옆에 앉아 있더라는 거예요. 추신수는 감독이 누군가를 대타로 써야겠다는 생각이 들었을 때 준비된 상태로 눈에 띄려고 그랬다고 설명했어요. 사실 메이저리그에서 5회 이전에는 대타를 안 쓰는 걸 뻔히 알면서도 계속 그러고 있었다는 거죠. 추신수의 아내는 그것을 보고 마음이 매우 아팠다고 회상했어요. 그날 추신수는 경기에 나서지 못했지만, 다행히 다음날 대타로 한 타석 들어서며 메이저리그에 데뷔하게 됩니다.

추신수는 이 사건에 대해 이렇게 말합니다. "나는 노력한만큼 보상을 받은 운이 좋은 사례가 맞다. 하지만 그 운을 잡으려면 준비가 돼 있어야 한다고 생각했다. 그래서 장갑 끼고, 헬멧 쓰고 감독 옆에 앉아 있었다. 기회는 1년 뒤, 10년 뒤에 올 수도 있지만, 어쩌면 내일 올 수도 있다. 기회가 눈에 띄게 올 수도 있고 몰래 올 수도 있다. 그 기회를 잡으려면 준비가 돼 있어야 하고, 그 준비를 위해 노력했다."30

추신수가 말하는 준비라는 것도 결국 자기 인생의 주인공이 될 준비인 거죠. 이 경기에서는 들러리에 불과하다고 생각하면 이렇게까지 철저하게 준비하지 않을 텐데, 대타로 홈런을 때려 경기를 역전시킬 주인공이 될지도 모르는 경기에서 그 주인공으로서 준비를 한 것입니다.

주인이 아닌데 주인의식을 가진다는 것의 의미

어떤 일을 준비할 때 주인공처럼 하면 막상 기회가 왔을 때 그것을 잡을 확률이 높아집니다. 스포츠나 연극, 공연 같은 세계에서는 갑자기 찾아오는 기회들이 있어요. 주인공이 아프거나 갑작스러운 사고가 나서 대타가 필요할 때, 그 기회를 꿰차고 새로운 주인공이 되는 사람들은 주인공이 아닌데도 주인공의 대사를 외우고, 주인공처럼 열심히 운동한 사람들이죠. '이 공연에서 나는 들러리에 불과하니 그냥 내 것만 하면 된다'고 생각한 사람과 '언제 나도 이런 공연의 주인공이 될지 모르니 이왕 연습실에 나와 있는 것, 주인공을 맡은 것처럼 주인공의 대사와 연기를 외워야지' 하고 생각한 사람은 바로 이 기회에서 크게 갈리는 거죠.

하지만 그 기회를 못 잡았다고 해서 주인공처럼 그 일을 대하고 열정을 쏟았던 것이 그냥 사라지지는 않습니다. 연극이나 드라마 촬영을 하다 보면 다른 캐릭터의 대사나 상황 분석을 하지 않고 오직 본인 역할이 나오는 부분의 대사만 연습해오는 사람이 있습니다. '에이 내가 뭐 깊게 알 필요가 있을까?'라고 생각하며 대사가 주는 뉘앙스만 보고 자신의 연기를 준비했을 것입니다. 하지만 아무리 작은 역할이라도 전체적인 대본의 내용을 이해하고 오는 배우가 훨씬 더 좋은 연기를 하는 것을 자주 봅니다. 자기 감정도 중요하지만 지금 함께하고 있는 상대 배우의 극 중 심리상태와 대본의 흐름을 알아야 더 깊이 있는 연기를 준비할 수 있기 때문입니다. 이렇게 잘 짜인 연기는 작품에 시너지를 더해서 그 작품이 잘될 확률을 높여주고, 결국 그 작품에 나온 자신에게도 더 많은 기회를 줄 수 있거든요. 그리고 대사와 연기를 익혀두면 기량도 발전할뿐더러 언젠가는 지금 익힌 것을 써먹을 수 있게 됩니다.

사실 말이 쉽지, 주인이 아닌데 주인의식을 가지고 일하라는 것은 말이 안 되는 이야기예요. 그래서 여기서 말하는 주인의식은, 지금 하는 일이나 회사에 주인의식을 가지라는 것이 아닙니다. 조금 더 거시적으로 보고 자기 삶의 주인이 되라는 거예요. 지금 자신이 주인이 된 듯이 일하는 결과의 레퍼런스는 자기 것이 되고, 설령 그것이 인정받지 못한다고 하더라도 그 과정에서 얻은 경험 역시 온전히 자기 것이기 때문에, 결국에는 자기 삶에서 반드시 요긴하게 쓰입니다. 어떤 일의 프로세스를 주인으로서 익혔더니, 그 경험이 다른 것을 성취해내는 데 큰 도움이 되기도 합니다.

신입사원이 국방부 콜센터에 전화를 건 이유

D2C direct to consumer: (유통 단계 없는) 소비자 직거래 솔루션으로 프랜차이즈들의 IT 서비스를 도와주는 사업을 운영 중인 위메프오 하재욱 대표는 지금은 대표지만, 대표가 아닌 시절에도 대표처럼 일한 사람입니다. 하재욱 대표는 20대의 첫 직장생활을 영어교육업체인 해커스에서 시작했습니다. 그 해커스를 떠난 지 한참이 되었는데도 하재욱 대표는 해커스에서 여전히 전설적인 사람이에요. '아! 이분이 바로 그분!' 이런 반응입니다. 그만큼 극성맞은 사원이었다고 해요.

이런 극성은 하재욱 대표의 주인의식에서 나왔는데요. 계속해서 회사 인트라넷에 '무엇을 하자' '어떻게 바꾸자'는 아이디어를 올립니다. 보통 그런 것이 채택되면 아이디어를 올린 사람이 독박을 쓰는 문화가 우리나라에 좀 있잖아요. 그렇다고 월급이 올라가는 것도 아니니 대부분의 직원은 회의 시간에도 새로운 시도에 대한 제안은 자제하는 편인데요. 하재욱 대표는 신입 시절에도 대표처럼 행동한 거죠.

입사 6개월 차 시절에 인트라넷 아이디어 게시판에 '장병들도 해커스로 영어 공부를 하면 좋을 것 같다'는 내용의 글을 올려요. 그리고 며칠 후 해커스 대표가 직접 댓글을 달았는데, 내용이 '아이디어는 좋지만 실현 가능성 없음'이었다고 합니다. 보통이라면 여기에서 멈춰야 정상이죠. 대표가 하지 말라고 했으니까요. 하지만 하재욱 대표는 '왜 해보지도 않고 안 된다고 하지?'라고 생각하고 이 실현 불가능하다고 낙인찍힌 일에 도전해보기로 마음먹습니다. 그리고 국방부 콜센터에 전화를 걸었어요. 군 쪽으로 인맥이 전혀 없기 때문에, 그냥 국방부에 전화한 거죠. 장성 사무실이 아닌 콜센터에 말이죠. 그런데 콜센터에서도 이런 문의는 전례가 없기 때문에 알아본다고 하고 통화를 마쳤다고 합니다. 아마 콜센터 직원도 이걸 그냥 무시해야 할까, 말아야 할까 생각 좀 했을 것 같은데요. 다행히도 그 콜센터 직원 역시 책임감이 있었는지 그 후로 일이 진행됩니다. 그리고 약 3개월 후 기적처럼 육군으로부터 해커스 영어를 도입하겠다는 말과 함께 조인식을 해야 하니 대표와 함께 계룡대로 오라는 연락을 받습니다. 보고 받은 해커스의 대표님은 얼떨떨한 마음으로 당시 입사 1년도 안 된 신입사원 하재욱과 함께 계룡대로 갔고, 차에서 내리니 군악대의 연주와 함께 도열해 있는 군인들이 멋지게 맞아주었다고 하죠. 신입사원이 그전에는 꿈도 꾸지 않았던 육군과 해커스의 조인식을 추진해서 성공시키기까지 한 것입니다. 이게 끝이 아닙니다. 육군과의 조인식이 있고 얼마 후에 해군에서 왜 우리랑은 안 하냐며 연락이 오고, 다음 날은 공군에서, 나중에는 한미연합사에서까지 연락이 왔다고 하죠.

하재욱 대표는 자기 것도 아닌데 이렇게 자기 것처럼 일하는 이유에 관해서 다음과 같이 말했습니다. "그런 생각을 한번 시작하게 되면 직장인으로서 일하는 것 자체가 너무 어려워진다. 그래서 처음부터 그런 생각을 아예 하지 않고 마치 내 것처럼 일하기로 했고, 그것이 자신에게 어떤 형태로든 돌아올 것이라고 믿는다." 그리고 결국 매사에 주인인 것처럼 최선을 다하는 자세를 인정받아, 이직하게 된 위메프라는 회사에서 40세의 나이에 지분을 가진 계열사 위메프오의 대표로 임명되었습니다. 주인의식을 가졌던 사원이 진짜 주인이 된 것이죠.

늘 주인의식으로 일해온 하재욱 대표였기 때문에 진짜 주인이 되자, 더더욱 주인처럼 일했어요. 위메프오는 배달앱으로

위메프오 앱 소개 화면[31]

시작해서 비즈니스를 확장한 것이기 때문에 초장기에는 배달앱 경쟁에 치열하게 임해야 했거든요. 하재욱 대표는 경쟁업체의 배달 시스템을 알아보고자 배달의민족에 라이더로 등록해서 기사로 직접 배달해보기도 했어요. 책상에 앉아 지휘만 하는 게 아니라 현장에서 몸으로 부딪치고 해결해 나가는 멋진 대표님이 된 것이죠. 그런 과정에서 프랜차이즈들의 IT 서비스를 도와주는 D2C로 피벗하자는 아이디어도 낸 것이고요.

하재욱 대표는 주인보다 더 주인의식을 갖고 일하는 사람이었는데, 그것이 스스로에게 더 큰 성취감을 주었다고 합니다. 그리고 그 과정에서 '문제가 생겼을 때 원인이 무엇이며 쉽게 해결하는 방법을 찾으려 끊임없이 노력하고 반드시 해결한다'는 자신이 직접 꼽은 장점을 익히게 된 것이죠. 그리고 결과까지 냈고요. 내 삶의 주인, 내 일의 주인이 되는 태도는 결과뿐 아니라 과정에도 이렇게 좋은 영향을 미칩니다.

주인이 되는 태도로 전환하기 위한
4단계 프로세스

주인이 되는 태도는 단순히 일이나 직장에서 주인의식을 가지자는 말보다는 조금 더 큰 개념이라고 할 수 있습니다. 자기 삶을 전체적으로 놓고 봤을 때 그 삶의 운전자가 되자는 말이거든요. 누구나 자기 삶을 주체적으로 경영하는 것 같지만, 가만 생각해보면 그냥 환경과 습관에 맞춰 알아서 흘러가게 내버려두는 경우가 많아요.

조금 더 자기 삶의 주인이 되는 태도를 가지고, 일하고, 직장에 다니고, 인생을 살면, 일에 도움이 되고 또 재미있는 기회들이 더 적극적으로 찾아올 수 있습니다. 그렇게 사는 사람들은 주위에서 알아보고, 호감을 보이거든요. 그만큼 주위에 좋은 영향도 끼칠 수 있고 무엇보다 자기 자신도 정신적으로나 실용적으로나 풍성한 삶을 살게 됩니다.

1	자신이 일하는 태도나 생각하는 것이 주체적인지 점검
2	큰 틀의 인생 설정하기
3	지금의 일에 큰 틀의 로드맵 맞춰보기
4	실행과 피드백, 개선의 순환 루프

❶ 자신이 일하는 태도나 생각하는 것이 주체적인지 점검

어떤 일을 할 때 그것을 왜 하는지에 대한 분명한 이유가 있는가, 계획이 있는가 생각해봅니다. 하라니까 하고, 말라니까 마는 것은 아닌지, 하라고 하면 이걸 왜 해야 하는가 생각해보고, 어떻게 하는 게 효과적인지 분석하고 계획한다면 주체적으로 사는 것이고, 그렇지 않다면 노예의 삶을 사는 것이죠.

자기 삶에서 습관화된 일을 우선해서 분석해보고, 그것의 의미와 이유들을 생각해보세요. 뒤늦게라도 그런 것을 찾으면 다행이지만, 많은 부분에서 그런 요소들이 안 보인다면 자신이 일하는 태도나 생각하는 것이 주체적이거나 진취적이지 않을 수도 있습니다. 이런 것이 없다고 당장 일자리가 없어지는 것은 아니겠지만, 계속해서 없다면 미래가 없을 수는 있거든요.

❷ 큰 틀의 인생 설정하기

자기 삶과 미래에 대해서 현황만 있고 실체와 방향성이 없다면, 당연히 주인의식도 없을 수밖에 없습니다. 그래서 주인이 되는 태도로 전환하기 위해서는 먼저 자긴 인생의 커리어나 인생 로드맵을 대강이라도 짜볼 필요가 있습니다. 로드맵이라는 단어가 너무 거창해서 위화감이 느껴진다면, 그냥 10년 후, 20년 후에 하고 싶은 일이라도 한번 생각해보는 것입니다. 대한민국의 대표 MC 유재석은 방송에서 미래 계획을 세우지 않고, 그냥 하루하루 최선을 다해서 산다고 말하거든요. 그래서 많은 사람이 정말 유재석은 계획이나 비전이 없는 줄 압니다. 하지만 유재석이 가진 진짜 비전은 10년 후에도 지금처럼 MC 자리의 정상을 유지하며 시청자에게 변함없이 건강한 웃음을 주는 것입니다.

몇십 년 동안 정상의 자리를 유지한다는 어마무시한 계획을 가지고 있는 것이죠. 그래서 지금 하루하루 최선을 다하고 있는 거고요. 그러기 위해서 운동하며 건강을 유지하고, 다양한 정보를 보며 지식 쌓기를 게을리하지 않죠. 철저한 자기관리도 하고요. 누구보다 야심 찬 큰 틀의 미래 비전을 가지고 있는 것입니다. 그리고 잘 실현되고 있기도 하고요.

❸ 지금의 일에 큰 틀의 로드맵을 맞춰보기

자신의 로드맵에 지금 하는 일이 들어가 있지 않다면 지금 하는 일에 대한 주인의식을 갖기는 어려울 수밖에 없습니다. 그래서 로드맵과 지금 하는 일의 일치감을 살펴봐야 하는데, 객관적으로 살피기보다는 조금 주관적으로 일치시켜 보는 편이 좋습니다. 그러니까 지금 하는 일을 우선에 놓고, 지금 일에 대해서 회사의 목표뿐 아니라 자기 커리어나 로드맵에 어떻게 활용하게 할지 자기 목표도 설정해보는 거죠.

예를 들어 창조적인 일을 하고 싶고 프리랜서로서 직업을 갖고 싶다면, 지금 회사를 다니는 일에서 주인의식은커녕 계속 다닐 이유조차 찾기 힘들어지죠. 하지만 매달 나오는 카드값이 회사를 계속 다닐 이유를 충분히 제시해주기 때문에, 회사를 계속 다닐 수밖에 없긴 해요. 이렇게 되면 회사는 정말 그냥 시간을 보내는 장소이지 나에게 희망과 재미를 주는 장소가 아닙니다. 그럴 때는 미래 크리에이티브의 소재를 찾는다는 생각으로 회사에 다닐 수 있습니다. 유튜브를 하든 웹소설을 쓰든 크리에이티브에는 당연히 소재가 필요해요. 그런데 수많은 사람이 공감할 만한 아이템이 바로 직장생활이잖아요. 그래서 회사 다닐 때 다양한 경험, 적극적인 경험이 필요합니다. 새로운 경험이 곧 미래 자신의 크리에이티브한 일에 소재가 된다고 생각하면서, 다양한 시도를 해볼 수도 있고요.

자신이 지금 하는 일을 버리기보다는 자신의 로드맵에 꿰맞춤으로써 지금 하는 일에 의미를 부여한다면(조금은 억지스럽게라도 말이죠.), 일에 조금 더 주인의 태도로 임할 수 있을 것입니다.

❹ 실행과 피드백, 개선의 순환 루프

자신이 지금 하는 일에서 조금 더 주인의 태도를 가지고 할 수 있는 것이 무엇인지 생각해보고, 그것들을 하나씩 생활 루틴에 포함합니다. 하재욱 대표의 경우 인상적인 특징은 회의하거나 대화하다가, 누구에게 한번 부탁해본다거나, 누구를 소개해주겠다거나 하는 이야기가 나오면 그 자리에서 바로 해당 인물에게 전화를 겁니다. 나중에 연락하겠다고 생각하고 미뤄두는 것보다 바로 그 자리에서 일을 끝내는 것이죠. 하 대표는 나중에 연락하겠다고 하고 까먹으니 그런 습관이 들었다고 설명하는데, 지켜보는 입장에서는 매우 진취적이고 긍정적인 특성으로 각인됩니다.

'자기 일을 스스로 컨트롤한다' '자기 일에서 주인의 위치

197

미루지 않고 바로바로 전화로 일을 해결

에 서 있다'는 느낌이 이런 행동으로 전해져 오는데 바로 이렇게 자연스럽게 습관으로 삼을 만한 행동들을 의식적으로 행함으로써 주인의식을 가질 수 있습니다. 주인의식이 있어서 그런 행동을 할 수도 있지만, 행동을 통해서 의식이 형성될 수도 있거든요. 이렇게 일하는 습관 같은 것은 지금뿐 아니라 자신이 나중에 하고자 하는 일에도 도움이 되는 루틴이니 익혀서 손해나는 것도 아니죠.

이렇게 실행할 만한 일들을 몇 개 실천해보고, 그에 대한 피드백을 받아서 더욱 정교하게 만듭니다. 예를 들어 이야기가 나오자마자 바로 전화하는 루틴은, 일의 진행을 자주 수정하는 사람에게는 성급하게 일한다는 평가로 이어질 수도 있거든요. 그러니 어떤 습관이 자신이 일하는 스타일에 긍정적인가 부정적인가 평가할 시간이 필요하죠. 그런 평가를 통해서 행동을 개선하고, 다시 평가하고 또다시 개선하는 식으로 하다가, 자신에게 가장 좋은 습관을 루틴으로 만드는 프로세스가 필요합니다.

결국 이 모든 것들은 태도가 먼저든 행동이 먼저든 주인이 되는 태도로, 주인처럼 일하는 모습을 만들려는 것입니다. 지금 일의 목표와 자기 삶의 목표에서 지금 일의 가치를 설정해두면, 지금 일을 주인의식을 가지고 열심히 하는 것이 곧 자기 인생의 주인이 되는 방법입니다.

10 | 하나만 잘한다는 태도에서 여러 개를 동시에 한다는 태도로

미국인 전체 인구 중 아일랜드계가 유난히 많은 이유

영국은 축구의 종주국이죠. 그래서 그런지 국제대회에서 영국은 무려 네 팀이나 내보내는 특혜를 받고 있어요. 잉글랜드, 스코틀랜드, 아일랜드, 웨일스가 모두 다른 팀으로 나오죠. 그런데 이것이 특혜처럼 보여도 사실은 이 네 개의 서로 다른 주체들이 자신들의 정체성을 한 나라로 통일하지 않겠다는 의지가 담겨 있습니다.

일단 이들은 민족 구성이 다릅니다. 예전에 영국의 주 영토인 브리튼 섬은 켈트족이 사는 땅이었는데, 로마가 400년 정도

이곳을 지배했었죠. 하지만 로마가 쇠퇴하면서 물러간 뒤, 이 땅을 지키기가 힘들어지자 켈트족은 자신들을 지켜줄 용병을 대륙으로부터 데려오게 됩니다. 이 용병들이 바로 앵글로·색슨족이에요. 영국 하면 앵글로·색슨족이라고 생각하기 마련인데, 원래 앵글로·색슨족은 게르만 쪽에서 온 분파예요. 32

예측하겠지만 앵글로·색슨족은 자기 목구멍까지 들이미는 이 생선을 놓치지 않고 그대로 물어버립니다. 브리튼 섬을 차지하고 원래 그 땅에 있던 켈트족을 스코틀랜드나 아일랜드 같은 지역으로 쫓아내요. 그렇게 쫓겨 간 켈트족들이 그 지역의 토착민과 결합해 지금의 정체성을 형성한 것입니다. 말하자면 지금은 영국이라는 이름으로 모여서 국제사회에서 영향력을 행사하긴 하지만, 이 네 나라는 서로 원수인 거죠.

그리고 잉글랜드와 아일랜드 간에는 조금 더 직접적인 원한을 남긴 사건도 있었습니다. 아일랜드 감자 대기근이에요. 아일랜드 대기근은 1845년서부터 7년간 지속된 재난인데, 아일랜드 사람들의 유일한 식량이던 감자가 병들어 못 먹게 되자 굶어 죽는 사람이 속출한 것입니다. 그래서 1846년에 800만 명 정도였던 인구가 이 대기근 동안에 600만 명 정도로 줄어요. 한 나라 인구의 4분의 1이 줄었는데, 100만 명 정도는 굶어 죽었고, 100만 명 정도는 아일랜드를 떠났습니다. 2008년, 미국 인구조사국의 조사에

아일랜드의 수도 더블린 항구에 서 있는 아일랜드 대기근을 묘사한 청동상. 이 자리가 최초로 이민선이 떠난 자리라고 한다

따르면 미국인 전체 인구 중 10.5퍼센트인 약 3,330만 명이 아일랜드계였습니다.[33] 다양한 이민자들의 나라 미국에 왜 유독 아일랜드 이민자가 많은지 이제는 이해가 가죠.

　　이 아일랜드 감자 대기근은 자연재해에 가까운데도 여기에 잉글랜드의 책임이 있던 이유는 잉글랜드의 수탈 역사를 보면 알 수 있어요. 간단하게 말하면 쓸 만한 토지들은 아일랜드로 건너온 잉글랜드인들이 다 독점하고 있었기 때문에, 소작농으로 전락한 아일랜드 사람들은 상대적으로 값싸고 재배가 쉬운 감자 농사에 전념하게 됩니다.[34] 그런 이유로 아일랜드 사람들은 감자만 먹고 산 거예요. 그런데 이 감자에 전염병이 생겨서 싹 다 죽어버리자 그것을 주식으로 먹고살던 아일랜드인들 역시 굶주림에 시달릴 수밖에 없었던 거죠. 이런 역사가 잉글랜드와 아일랜드 간에 뿌리 깊은 원한으로 지금도 남아 있습니다.

그리고 우리에게 남긴 교훈은 한 가지 품종만 재배했을 때 닥치는 위험성에 관한 것이죠. 다양한 곡물을 재배하고 먹었다면, 감자 하나에 전염병이 돈다고 인구의 4분의 1을 잃는 타격까지 가지는 않았을 거예요. 그런데 재배도 비교적 쉽고 먹기도 좋으며 가격도 저렴한, 그러니까 당시에는 가장 손쉬운 작물이었던 감자에만 매달리면서 결과적으로 엄청난 재앙을 불러온 것입니다.

백종원은 왜 다양한 프랜차이즈를 할까?

200년 전의 이 경고가 지금의 사회에는 더욱더 유효합니다. 빠르게 움직이는 사회적 흐름 때문에 비즈니스 흥망성쇠가 순식간에 왔다 갔다 하는 일이 비일비재하거든요. 이런 사회에서 한 가지 비즈니스에 전념했다가 순간적으로 안 풀렸을 때 큰 비즈니스도 순식간에 사라져버릴 수 있거든요.

외식 비즈니스의 톱티어라고 할 수 있는 백종원은 굉장히 다양한 프랜차이즈를 하는데, 그 이유를 한 품목이 유행을 타도 다른 품목으로 버틸 수 있기 때문이라고 말한 적이 있습니다.

그러니까 혹시라도 광우병 파동이 나서 소를 안 먹게 되면 소고기 전문점인 '본가' 같은 브랜드는 일시적 어려움을 겪을 수 있겠지만, 돼지김치 전문 식당인 '새마을 식당'은 큰 문제 없이 버틸 수 있잖아요. 오히려 소를 안 먹는 수요가 돼지나 닭 쪽으로 몰려 다른 브랜드들은 풍선 효과를 누릴 수도 있고요.

주식에 투자하는 분들은 '계란을 한 바구니에 담지 말라'는 격언을 잘 알 거예요. 한 종목이 아무리 좋아 보여도 그 종목에 '몰빵'하다가 순식간에 추락해버리면 손쓸 수가 없거든요. 주식 같은 재테크에서 이런 분산 전략은 상식에 속하죠. 그런데 유독 일이나 비즈니스로 들어가면 대중의 기준이 좀 달라지는 경향이 있어요.

하나의 직무를 잘 수행하면 그것만 죽어라 파는 거죠. 하나의 비즈니스로 잘나가는 사람이 다른 비즈니스를 구상하면, 꼭 듣는 말이 하나에 승부를 걸라는 소리예요. 거기서 최고가 된 다음에 다른 비즈니스로 건너가도 늦지 않다는 것인데, 사실 늦습니다. 한 분야의 최고라는 것은 이제는 내수에서 고만고만한 기업들끼리 경쟁하는 상황이 아니라, 어느 분야든 글로벌 기업들과 경쟁해야 하기 때문에 쉽지 않거든요. 그리고 지금은 한국의 경제력도 많이 성장해서, 한 분야의 최고를 논하는 정도가 되려면 결국 글로벌 1등을 노려야 하기도 하고요. 이런 정도까지 간 다음에 새로운 비즈니스를 넘보라는 것은 그야말로 한 주식에 몰방하고 그 주식으로 1만 퍼센트 이득을 볼 때까지는 뺄 생각도 하지 말라고 말하는 것이나 똑같습니다.

요즘같이 빠른 변화의 시기에는 하나만 파고 있어서는 안 됩니다. 조류가 빠르게 변하기 때문에 피버팅이 무척 빠르거나, 처음부터 멀티 플레이 기조를 가져야 하죠. 멀티 플레이를 하면서 그때그때 시류에 맞는 것을 조금 더 강조하는 식으로 살아남아야 합니다. 그리고 결과적으로 여러 개가 살아남으면 시너지 효과도 거둘 수 있고요.

한밤중에 쓰레기통을 뒤진 이유

청춘 F&B의 박진완 대표는 대학생 때 창업해서 지금은 50여 개의 프랜차이즈 닭꼬치집과 다른 업체들에 닭꼬치를 공급하는 닭꼬치 공장, 유통라인까지 모두 수직계열화해서 사업을 벌이며 승승장구하고 있는 사업가입니다. 베트남, 몽골, 미국 등지로 해외 진출도 시도하고 있고요.

F&B 기업을 스타트업처럼 운영하는 지금의 박진완 대표를 만난 분들은 시작부터 큰 꿈을 가지고 스마트하게 시작했을 것으로 생각하기 마련이지만, 사실 박진완 대표의 시작은 매우 초

라 했어요. 홍대 앞 칵테일 바에서 칵테일을 만들어주는 아르바이트를 하면서 6개월 정도 모은 돈으로 대학축제 때 이동식 칵테일 바 부스를 차린 것이 그 시작입니다. 장사가 생각보다 잘되자, 박진완 대표는 그렇게 번 돈으로 대천 해수욕장에 부스를 2개월 정도 대여해서 간이 칵테일 바를 열어요.

하지만 축제 때 대학생들 대상으로 하는 간이 칵테일 바는 그럴듯한 아이템일 수 있어도, 가족 단위로 찾아와 노는, 게다가 해수욕장에서 칵테일은 생각보다 인기가 없는 아이템이었던 거죠. (간단하게는 맥주를 마시고, 복잡하게는 소주를 마시는 곳이잖아요.) 부스는 있고, 칵테일은 안 팔리니까 박진완 대표의 고민이 깊어졌습니다. 뭘 팔까 하다가 자신이 사는 곳이 홍대 앞이다 보니 퍼뜩 닭꼬치가 떠오른 거예요. 홍대 앞 지하철역에서 올라오면 포장마차에서 파는 닭꼬치 냄새가 허기를 자극하잖아요.

그런데 닭꼬치는 그때까지 먹어보기만 했지 실제로 팔거나, 팔려고 생각한 적도 없는 아이템이라 아무런 지식이 없기에 일단 홍대 앞으로 갑니다. 그리고 길거리 포장마차에서 닭꼬치를 먹다가, 주인에게 닭꼬치를 어떻게 만드는지 물어봐요. 대부분의 주인들이 가르쳐주지 않았는데 그중 한 분이 친절하게 만드는 법이나 소스에 대해 알려주었다고 하죠. 하지만 한 사람에게만 배워서는 아무래도 최선의 닭꼬치를 만들기에 한계가 있겠다 싶었던 박진완 대표는 새벽 시간에 아무도 없을 때 나가 닭꼬치 포장마차 근처의 쓰레기 봉지를 뒤져서 내용물을 보고 소스나 비법에 관해 훔쳐 배우게 됩니다.

그렇게 자신만의 닭꼬치 레시피를 완성한 박진완 대표는 다시 대천으로 가서 칵테일 부스 대신 닭꼬치 부스를 열고 대박을 터트리죠. 그 대박의 기운을 가지고 서울로 올라와 이번에는 대학축제에 닭꼬치로 참가했습니다. 축제의 열기 가운데 뚫고 올라오는 치명적인 닭꼬치 굽는 냄새는 대학생들의 관심을 박진완 대표의 부스에 몰리게 했죠. 이 관심을 놓치지 않고 주문을 받으면 구워주는 방식으로 마케팅을 극대화했습니다.

주문을 받은 뒤 구워주면 일단 굽자마자 먹게 되니 제일 맛있는 상태고, 손님이 기다리는 동안 냄새가 계속 피어올라 식욕을 자극합니다. 그런데 아무래도 시간이 걸리는 점이 문제가 되는데, 사실 시간이 걸리기 때문에 사람들이 줄을 서면서 자연스럽게 줄 세우기 마케팅이 되는 점도 있습니다. 줄이 독보적으로 긴 점포가 있으면 뭘 파는지도 모르면서 일단 줄을 서고 보는 사람도 있잖아요. 이런 여러 가지 계산이 깔린 장사 방법이었는데, 이 역시 큰 성공을 거둬요. 마케팅 기법을 따로 배운 것도 아니지만, 현장에서 익히고 고객들의 반응을 보며 시행착오 과정을 거치는 동안 마케팅의 방법론을 스스로 터득한 것입니다.

글로벌 스타트업이 된 닭꼬치 회사

그런데 또 문제가 생겼습니다. 장사가 잘되다 보니 서울 시내 여러 대학에 동시에 들어가기도 했는데 이럴 때는 닭꼬치 물량이 부족한 겁니다. 꼬치에 펜 형태의 생닭꼬치를 받아다가 구워서 파는 장사의 특성상 이 원재료는 도매상에 의지할 수밖에 없었어요. 그런데 이 도매상들의 규모가 영세해서 하루에 생산할 수 있는 물량에 한계가 있는 거예요. 박진완 대표는 도매상들을 찾아가 새로운 거래를 뚫으려고 했지만, 기존 공급처에 물량 맞추기도 급급한 공급업체들이 거절하더라는 것입니다. 처음에는 그래도 몇몇 군데와 같이 일했는데, 닭꼬치가 계속 잘 팔리자 박진완 대표는 도매업체를 스스로 만들기로 결심해요. 그러면서 지금까지 사람의 손으로 닭을 일일이 꼬치에 꿰느라 생산성에 한계가 있었던 점을 고려해 기계화하기로 하죠. 그래서 닭꼬치 재료를 공급하는 도매사업도 같이 하게 된 거예요.

그리고 본사를 만들고 닭꼬치 도매 영업을 하다 보니, 아무래도 테스트 매장이 필요해서 본사 밑에 매장을 하나 열기에 이릅니다. 그런데 이 테스트 매장에서 닭꼬치 판매가 잘되자 본격적으로 매장을 오픈해야겠다고 생각한 끝에 프랜차이즈 사업으로 이어졌고요. 50여 개 정도의 프랜차이즈 매장을 확장하기까지, IT와 F&B의 만남에 관심을 가진 박진완 대표는 자기 회사를 스타트업으로 전환합니다. 그래서 IR investor relations: 기업이 투자자를 대상으로 하는 홍보활동도 하면서 투자를 받고 비전을 해외 진출로 잡게 되죠.

10여 년 동안 박진완 대표가 달려온 길인데요. 이렇게 닭꼬치 한 분야에 매진한 것 같지만, 자세히 보면 축제 때 팝업 점포를 운영하던 비즈니스 모델에서, 닭꼬치 도매라는 비즈니스 모델을 추가하고, 또 프랜차이즈 사업으로 확장합니다. 세 번의 확장이 있었던 거죠. 그리고 지금은 케이푸드 K-Food의 약진에 힘입어 해외 비즈니스로 범위를 넓히고 있어요. 몽골의 편의점에 전략적으로 들어가고, 베트남에서 팝업 행사를 열며 해외 진출의 교두

베트남에서 했던 닭꼬치 팝업 행사[35]

보를 마련하고 있습니다. 2023년의 마지막 날은 베트남 백화점에서 팝업 행사를 하면서 보내기도 했습니다.

박진완 대표의 행보를 보면 닭꼬치라는 본질은 놓치지 않으면서 시대적 흐름과 니즈에 맞게 수많은 변신과 확장의 과정을 거칩니다. 그 결과 돈 내고 확보한 해수욕장 부스를 버리기 아까워서 홍대 앞 쓰레기통을 뒤져가며 메뉴 개발을 했던 대표는 지금 뉴욕 거리 어디쯤에 닭꼬치 집을 내면 좋을지 매의 눈으로 살피는 글로벌 스타트업 사업가가 되었습니다.

여러 개를 동시에 한다는 태도로 전환하기 위한
4단계 프로세스

여러 개를 동시에 하는 것은 비즈니스에서만 필요한 게 아닙니다. 일반적인 업무 영역에서도 한 분야만 죽어라 파는 것보다 다양한 분야를 동시에 수행하는 능력을 선호하는 추세거든요. 동시에 다양한 업무를 해내야 유능한 직원 소리를 듣는 것이 요즘입니다. 그래서 업무에서든 비즈니스에서든 동시에 여러 가지를 해내기 위해서는 먼저 우리의 뇌와 태도를 그에 맞춰서 조율해야 할 필요가 있습니다.

여러 작업을 동시에 수행하는 능력을 멀티태스킹이라고

하는데, 그러한 능력을 향상시키기 위해서는 다음과 같이 4단계의 프로세스로 훈련해볼 수 있습니다:

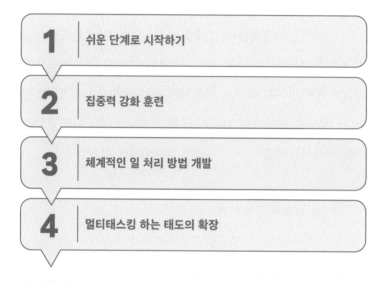

1 | 쉬운 단계로 시작하기

2 | 집중력 강화 훈련

3 | 체계적인 일 처리 방법 개발

4 | 멀티태스킹 하는 태도의 확장

❶ 쉬운 단계로 시작하기

멀티태스킹은 안 해본 사람에게는 상당한 난도의 기술입니다. 대화할 때 음악이 틀어져 있으면 정신 사납다고 끄라는 사람들도 많습니다. 이런 분들이 멀티태스킹이 어려운 분들인 거죠. 물론 멀티태스킹보다는 한 가지에 집중해서 그 일을 끝내는 방식이 더 잘 맞는 분들이 아직 많지만, 이런 훈련은 미래를 위한 훈련입니다. 빠르게 변하고 발전하는 세상에서는 멀티태스킹이 되지 않으면 점점 도태될 가능성이 있으니 지금부터 조금씩이라도 연습하자는 의미죠.

일단 두 가지 간단한 작업으로 시작해 서서히 난도를 높이는 방식으로 진행해봅니다. 예를 들어, 음악을 들으면서 이메일을 확인하는 것과 같은 활동으로 시작할 수 있습니다. 카톡으로 대화하면서 업무를 해보는 것도 시도해볼 만하고요. 일단 한 번에 두 가지 일을 한다는 감각은 안 해본 사람에게는 매우 혼란스러운 감각이기 때문에, 이런 것들을 경험해보는 차원입니다.

❷ 집중력 강화 훈련

멀티태스킹의 비밀은 '그것이 가능하지 않다'는 사실입니다. 사람의 뇌는 멀티태스킹이 불가능하게 되어 있어요. 그래서 멀티태스킹이라고 말은 하지만 사실은 여러 일을 동시에 하는 것이 아니라 일을 효율적으로 전환하는 능력입니다. 하나의 일에 집중했다가, 빠르게 다른 일에 집중하기 때문에 동시에 하는 것처럼 보일 뿐이지 우리의 뇌는 한 번에 하나의 일밖에 처리하지 못한다고 하죠.[36]

그래서 집중력을 강화하는 연습을 통해 멀티태스킹 능력을 향상시킬 수 있습니다. 멀티태스킹은 하나의 일에 집중했다가 다른 일로 빠르게 전환하는 것인데, 보통은 전환할 때 집중을 못

해서 시간을 낭비하게 되거든요. 그러다가 산만한 느낌이 들면서 이도 저도 집중이 안 되는 딜레마에 빠지기도 하고요. 한 가지 일에 빠르게 빠져드는 집중력이 그래서 필요한 거죠.

집중력을 강화하는 훈련으로는 명상이나 요가 같은 것들이 있고, 집중력을 요구하는 게임 등도 도움이 될 수 있습니다. 약 1시간 동안 스마트폰을 끄고 책을 읽는다든가 하는 식으로 미션을 설정해서 수행하는 것도 집중력 강화에 도움이 됩니다.

❸ 체계적인 일 처리 방법 개발

자신이 하는 일이 있다면 각 작업에 대한 명확한 계획을 세우고, 일을 체계적으로 처리하는 연습을 하는 것도 좋습니다. 멀티태스킹이 사실상 여러 일을 동시에 하는 것이 아니라 여러 일을 순차적으로 빠르게 전환하면서 처리하는 것이라면, 일의 우선순위도 정하면 좋겠죠. 특히 직무와 관계된 일이라면 우선 작업 리스트를 작성하고, 각 작업에 걸리는 시간을 추정해봅니다. 그리고 그에 따른 우선순위를 설정해서, 빠르게 전환하면서 일을 처리해보는 것이 좋겠습니다.

그러면서 시간 관리에 대한 필요도 많이 느끼게 될 것입니다. 시간 관리에 대해서는 체계적인 시간 사용법을 정해놓으면 적어도 고민할 시간은 줄이면서 시간을 효과적으로 사용할 수 있죠.

멀티태스킹을 해야 하는 현대인들

❹ 멀티태스킹 하는 태도의 확장

실제로 이렇게 일할 때 멀티태스킹을 하는 것도 필요하지만 더욱 중요한 것은 그러한 태도를 의식화하는 것입니다. 일하거나 비즈니스를 할 때도 두 가지 이상을 동시에 한다는 태도는 앞으로의 사회에서는 반드시 필요한 태도거든요.

일론 머스크는 하드 워커로 유명하죠. 잠도 회사나 비행기 같은 데서 자고 일주일에 120시간을 일합니다. 120시간이면 주말 없이 일한다 해도 하루에 17시간을 일하는 거예요. 그런데 일론 머스크가 동시에 하는 사업들을 보면 하루 22시간 일해도 (그래도 2시간은 자야 하니까) 모자랄 지경입니다. 가장 잘 알려진 것은 테슬라Tesla의 자율주행 전기자동차를 만드는 사업이죠. 그리고 스페이스 X Space X에서 화성에 갈 유인 우주선을 만들고 있기도 합니다. '보링컴퍼니Boring Company'를 통해서 지하터널을 뚫어 교통 체증을 없애는 사업도 하고 있고, 뉴럴링크Neuralink라는 회사에서는 뇌에 컴퓨터를 연결하는 뇌-컴퓨터 인터페이스에 관해서 연구 중입니다. 트위터Tweeter를 인수해서 X라고 이름을 바꾼 회사의 이사회 의장이기도 하고, 오픈AIOpen AI에 대항하기 위해 생성형 AI를 연구하는 X AI의 이사회 의장이기도 합니다. 월터 아이작슨Walter Isaacson이 쓴 머스크의 전기에 의하면 그는 이 회사들의 단순한 상징적 대표가 아니에요. 실제로 수석 엔지니어를 자처하며 개발에 앞장서는 돌격대장에 더 가깝죠.[37]

일론 머스크는 멀티태스킹을 통해 성과를 낸 대표적인 인물입니다. 그런데 이런 상황은 엄청난 스트레스를 동반할 수밖에 없잖아요. 평소에 다양한 일을 벌이기 좋아하는 일론 머스크의 성향과 그의 일하는 스타일이 이렇게 여러 가지 비즈니스를 동시에 벌이는 스트레스 상황을 견디게 해주는 것 같습니다. 우리의 뇌는 멀티 상황에 익숙하지 않기 때문에 이런 상황과 마주하면 스트레스를 받을 수밖에 없어요. 하지만 머스크의 업무 스타일과 습관이 이런 상황에 대해서 미리 훈련하게 해준 것이나 마찬가지죠.

동시에 여러 개를 잘해야 한다는 것은 분명 어려운 일이지만, 점점 필요한 일이 되어가고 있습니다. 생각해보면 누구나 할 수 있으면 경쟁력이라고 할 수는 없는 거니까, 훈련을 통해 이런 상황이 익숙해진다면 그럴 만한 가치가 있는 일이라고 할 수 있죠.

11 | 약점을 보완하는 태도에서 장점을 강화하는 태도로

E사의 특이한 공채 프로세스

2000년대까지만 해도 꽤 잘나가던 패션그룹이었던 E사의 공채에는 특이한 프로세스가 있었었습니다. 서류를 통과하고 필기시험인 적성검사를 보는 사람들에게 책을 한 권 나눠줍니다. 그리고 그 책에서 말한 내용의 검사를 다음 날까지 온라인에서 진행하도록 해서, 그 결과 역시 공채에 반영하는 것이었죠. (입사지원자 입장에서는 책 한 권을 공짜로 받아서 좋지만, 다음 날까지 또 새로운 검사를 해야 한다니까 조금 부담되는 프로세스이긴 했어요.) 그 책의 제목이 《강점혁명》입니다.

《강점혁명》은 아이디어는 단순하지만, 그전에 일반적으

217

WORK | 일에서의 태도

로 생각하던 상식과는 완전히 반대 주장을 해서 처음 나왔을 때는 꽤 센세이션을 일으켰습니다. 일반적으로 강점과 약점이 있을때, 사람들이 약점을 보완하는 데 집중하지만, 따져보면 효과가크지 않아서 오히려 그 시간과 노력으로 강점을 강화하는 편이훨씬 효과적이라는 주장입니다. 예를 들어 국어 85점, 영어 80점,수학 60점짜리 학생이 있습니다. 이 학생이 지금부터 일주일 정도공부해서 시험을 봐야 한다면 어떤 과목을 공부하는 것이 맞을까요? 누가 봐도 60점짜리 수학을 공부해야 할 것처럼 보이지만,실질적으로 일주일을 수학에 쏟아봤자 수학 점수는 1점도 오르지 않는 경우가 많습니다. 왜냐하면 이 학생은 수학을 싫어하는학생이기 때문이죠.

이 학생은 국어나 영어를 공부하는 편이 전략적으로 맞는 선택일 수 있습니다. 상대적으로 좋아하는 과목이기 때문에조금 더 집중해서 공부할 수 있고, 기초 역시 이미 다져져 있기 때문에 같은 시간 공부해도 더 효과적일 수 있거든요. 물론 1년 정도의 시간이 있다면 국·영·수 모두 기본부터 쌓으면 됩니다. 특히이 경우에는 수학의 토대를 탄탄하게 만드는 전략이 유효할 수 있습니다. 하지만 주어진 시간이 일주일밖에 안 된다면 선택을 해야하거든요. 그랬을 때는 약한 과목을 공부하는 것보다 강한 과목을 공부하는 선택이 좋은 선택입니다. 어차피 평균 점수는 국어에서 오르나 수학에서 오르나 똑같으니까요.

이것을 사람이나 기업에 적용하면 강점과 약점 중에서는 약점을 보완하기보다 강점을 강화하는 편이 맞는 선택이라는 것입니다. 없는 것을 아쉬워하고 안 되는 것을 안타까워할 시간에 차라리 잘되는 것을 더 잘되게 하는 것이 효율적이면서 현실적인 방법이라는 것이죠. (하지만 아이러니하게도 잘나가던 패션그룹이었던 E사는 자기 강점에 집중하기보다는 다양한 분야에 손을 대고 심지어 부동산, 건설까지 진출하는 바람에 무척 어려워졌습니다. 신입사원들에게 책까지 선물하면서 강점혁명을 강조하더니만, 막상 그룹의 의사결정자들은 그 책을 읽지 않은 듯합니다.)

먼저 자기 자신을 정확하게 분석하기

약점을 보완하는 것보다 강점을 강화하기 위해서 먼저 해야 할 것은 당연히 자기 자신의 강점과 약점을 분명하게 파악하는 일입니다. 사람들은 의외로 자신들의 약점에는 관대하고 강점에도 관대해요. 약점을 약점처럼 생각하지 않고 인간적인 면이라 생각하고, 강점은 더욱더 강하니까 보완이 필요 없다고 생각합니다.

약점도 별로 없고 강점 역시 훌륭하니 이런 사람들이 무언가 잘 안 되면 (이렇게 잘났으니 당연히) 자기 탓은 아니고, 외부 요인 탓이라고 책임을 돌리기 쉬워요. 타이밍이 안 좋아서, 경제가 어려워서, 이상한 손님이어서 어쩔 수 없었다고 생각하는 것이죠. 그런 말이 맞을 수도 있겠지만, 이렇게 되면 개인으로서는 개선하거나 바꿀 수 있는 게 없으니, 그저 운명에 모든 것을 맡길 수밖에 없습니다. 그러니 신을 찾게 되고 징크스에 신경 쓰게 되는 것입니다.

경영에서는 SWOT 분석이라는 것을 사용해서 기업의 강점, 약점, 그리고 외부 환경의 기회, 위기 등을 분석하는 방법론이 있습니다. 강점strength, 약점weakness, 기회opportunity, 위협threat의 약자를 따서 SWOT 분석이라고 하는데요. 자신의 비즈니스나 하고 싶은 일, 혹은 자기 자신을 진단할 때도 이 방법을 써보면 효과적일 때가 많아요. 간단하지만 내부·외부적인 진단을 골고루 하는 방법이기 때문에 의외로 탄탄한 분석 방법이 바로 SWOT 분석이거든요.

	좋음	나쁨
내부	**S** 강점 Strength	**W** 약점 Weakness
외부	**O** 기회 Opportunity	**T** 위협 Threat

예를 들어 자신이 직장인인데, 투잡으로 브런치에 글을

쓰고 결국에는 웹소설을 써서 대박을 터트리고 싶다고 생각해볼게요. 그러면 우선 대외적인 위기와 기회를 생각해볼 수 있어요. 기회는 웹소설이라는 장르가 본격적으로 꽃을 피우고 거대 산업화되고 있다는 점이죠. 웹소설의 내용이 웹툰이 되고, 그것이 다시 넷플릭스Netflix 같은 OTTover the top: 인터넷 기반 방송 서비스 드라마로 만들어지는 일들이 하나의 순환고리로 자리를 잡았습니다. 웹소설 한 편만 잘 써도 글로벌 히트가 가능해서 생활 형편이 꽤 좋아지는데, 그 후 판권이나 굿즈 사업 등으로 산업화할 여지가 생긴 거죠. 반면 위협은 기회가 좋은 만큼 어마어마한 경쟁자의 수와 퀄리티입니다. 연예인이나 전문 방송인들이 유튜브로 들어와 생태계를 장악해 가듯이, 웹소설의 산업화 조짐이 보이자 자본과 경험으로 무장한 프로들의 경쟁이 시작되었거든요. 그래서 아마추어들에게는 아이러니하게도 기회가 오히려 삭제될 수 있어요.

그런데 이런 외적인 기회와 위협은 사실 개인적으로는 어떻게 할 수 없는 부분이에요. 세계적인 흐름을 컨트롤하거나 개인적인 노력으로 반전시킬 수는 없으니까요. 그러니 외적인 부분은 꾸준히 주시하고 분석하다가 적당한 타이밍을 잡는 게 중요하죠. 정작 내가 해야 하는 중요한 일은 내적인 분석입니다. 자신의 강점은 소설을 좋아하고, 그중에서도 웹소설을 많이 읽으며, 창의적인 이야기 하기를 즐긴다는 것입니다. 그러니까 웹소설 취향이라는 거죠. 반면 약점은 전업이 아니고 직장에 다니기 때문에 그만큼 전력으로 웹소설 창작에 임하지 못하고, 계속 시간과 노력을 회사 일에 분산시켜야 한다는 것입니다. 게다가 자신이 진득하게 앉아서 3~4시간씩 글을 쓰는 스타일이 아니라, 조금 산만한 스타일이어서 글을 완성하는 데 어려움을 겪는다는 단점도 있습니다.

이런 상황에서 중요한 것은 이런 분석이 객관적이고 정확하냐는 것입니다. 자신은 웹소설 쓰기에 무척 창의적이라고 생각하지만 다른 사람들이 보기에는 창피할 수준일 수도 있어요. 이 부분이 무척 어렵죠. 자신의 강점에 대해서 웬만한 사람들은 높게 평가하는 경향이 있거든요. 그리고 자신의 약점에 대해서는 그냥 봐주는 경향이 있고요. 그래서 조금 과하다 싶을 정도로 엄격하게 자신의 장단점을 분석한다고 생각해야 그나마 다른 사람들이 듣기에 설득력 있을 정도로 파악할 수 있을 것입니다.

그러면 외적인 기회와 위협은 개인으로서는 컨트롤할 수 없는 부분이니 놓아두고, 이 상황을 개선하기 위해서는 개인의 강점과 약점에 관해 이야기할 필요가 있습니다. 우선 약점을 보자면 두 가지입니다. 직장 때문에 발생하는 시간의 제한과 자신의 집중력 부족이죠. 이때 과감하게 직장을 때려치우고 시간을 확보한다는 분도 있는데, 스스로를 벼랑 끝으로 모는 전술은 그렇게 바람직한 것 같지는 않습니다. 잘못되면 '먹고사니즘'에 빠져서 웹소설을 쓸 시간을 1분도 확보하지 못할 수 있어요. 그렇다면 해결해야 할 약점은 집중력 부분인데, 여기서 다시 발생하는 문제는 자신이 마음먹는다면 집중력을 개선할 수 있느냐는 것이죠. 집중력의 개선 여부를 문제라고 느낄 정도면 이 부분의 개선 필요성은 과거에도 계속 느끼고 있었지만, 그동안 안 되었다는 것입니다, 마치 금연이나 다이어트 같은 거예요.

그렇다면 잘 안 되는 것에 매달리지 말고, 자신이 강점으로 뽑은 창의성을 더 적극적으로 활용하는 방향으로 계획을 짜는 편이 차라리 낫습니다. 길게 쓸 수 없다면 창의성 있는 설정이나 에피소드들을 짧게 짧게 생각해놓는 식인 거죠. 그리고 그 에피소드들을 이어 붙이거나, 설정 속에 캐릭터들을 놓음으로써 스스로 움직이게 만드는 겁니다. 창작 시간을 줄이고 횟수를 늘림으로써 집중력 문제도 해결하고, 무엇보다 회사 일 때문에 창작 활동에 긴 시간을 할애하지 못한다는 약점을 극복하는 것입니다.

이러면 이 사람의 웹소설은 긴 서사보다는 창의적이고 재기발랄한 시트콤 같은 느낌의 작품이 조금 더 어울릴 테고 거기서 경쟁력을 얻을 것입니다.

한국에서 점쟁이가 필요한 이유

연예인들이나 비즈니스맨들은 점을 보는 경우가 종종 있어요. 신통한 점쟁이 소식은 알음알음 공유되곤 합니다. 연예인들이나 비즈니스맨들이 점쟁이를 찾는 이유는 그들의 활동 영역이 자기 실력뿐 아니라 타이밍이나 외부적인 환경 요인에 크게 좌우되기 때문이죠. 어떤 작품이나 사업이 크게 히트할지도 잘 모르겠고, 열심히 준비한 작품이나 사업이 하루아침에 엎어지기도 합니다. 작품을 함께 한 다른 배우의 마약 사건이나, 갑자기 여론이 조성돼서 통과된 법 같은 것 때문에 말이죠.

자기 작품이나 사업에 최선을 다해서 준비해놓은 다음에 자신이 할 수 없는 부분에 대해서 점쟁이의 도움을 받으려는 것인데요. 따지고 보면 이 도움은 물리적 도움이 아니라 정신적 도움이죠. 미국에서는 정신과 의사가 상당한 수입을 올립니다. 평균적인 1년 연봉이 23만 5,000달러에 이르는데, 우리 돈으로 3억 원 정도의 연봉입니다. [38] 하지만 한국에서는 이 역할을 점쟁이가 해주기 때문에 정신과 의사가 미국만큼 대접받거나 연봉을 받지 못한다는 말도 있어요.

뭘 해도 잘 안 풀릴 때 점쟁이가 말하는 겁니다. "이번 해는 삼재가 들어서 어차피 잘 안 되니 웅크리고 있다가, 내년도에 대운이 들어 있으니 내년을 노려보라"는 말을 들으면 이번 해에 성과가 없거나 손해 본 것을 자책하는 대신 나름대로 납득하고 내년을 위해 여력을 비축하기 시작하는 것이죠. 잘 안 되는 이유를 자신에게서 찾지 않음으로써 자존감이나 자신감에 상처받지 않고 한발 물러설 수 있게 되는 거예요.

제가 〈빨간토끼〉를 시작하면서 다양한 사람들을 만나기 시작한 것도 사실은 절친한 지인의 점괘 때문입니다. 드라마 대본 공부를 하기 위해 캐릭터를 연구하고 자미두수나 여러 가지 마음에 관해 연구하던 지인은 마침내 다른 사람의 운까지 봐주는 경지에 이르렀거든요. 그의 점괘에 의하면 지금은 무엇을 해도 잘 안 되니 발버둥 치지 말고, 공부하고 있으라는 것이었죠. 그리고 시간이 조금 더 지나면 큰 성과를 얻게 되니, 그때 웅지를 펼치라는 것입니다. 그래서 저는 조급해하거나 답답해하기보다는 지금 잘 안 풀리는 일이 있으면 그것을 공부하기에 좋은 시간이라 생각하고, 사람들을 만나고 책을 읽으며 알차게 보내고 있는 것입니다. 그런 경험으로 책을 쓰는 일까지 하게 된 것이고요.

어떻게 생각하면 손쓸 수 없는 약점에서 한발 뒤로 물러난 것이죠. 그리고 그 약점을 자신이 할 수 있는 일로 채우면서 그 타이밍을 기다리는 것입니다.

기획자가 기획만으로 사업에 성공하다

신생 기업의 경우 대기업처럼 다방면으로 경쟁력을 갖기가 힘듭니다. 따라서 안 되는 것에 힘을 쏟지 말고 자신이 잘하는 것 하나에 집중해서 전력을 쏟아붓는 방식이 훨씬 효과적일 수 있어요. 기업이 강점을 강화하는 경우 그것이 그 기업의 특색이 되면서 독보적인 경쟁력을 가질 수가 있거든요.

잇더컴퍼니의 김봉근 대표는 패키징에 승부를 건 사람입니다. 사실 김봉근 대표의 이력은 기획자입니다. 미스터피자, 매일유업 등 프랜차이즈와 식품 기업에서 기획으로 경력을 쌓아오다가 창업했거든요. 규모가 좀 있는 기업이야 기획과 유통, 생산 등이 다 분리되어 있어서 기획통인 사람은 기획만 잘해도 되는데, 이제 막 창업한 기업이라면 필요성이 가장 떨어지는 게 기획이에요. 일단 물건 만들고 유통라인 찾고, 거기에 얹어서 판매를 시작해야 회사가 돌아가니까요. 처음 준비하는 기업이 콘셉트와 기획에 맞게 소비자를 대상으로 마케팅하면서 다가가기는 현실적으로 쉽지 않습니다.

사실 김봉근 대표는 창업을 준비해서 시작한 사례가 아니에요. 어느 날 좋은 조건으로 스카우트 제의가 들어와서 잘 다니던 회사를 그만두고 이직을 준비하고 있었는데, 스카우트했던 회사가 내부 사정으로 새로운 사업부를 만들려던 계획을 취소한 겁니다. 그래서 하루아침에 적을 둘 곳이 없어졌죠. 하는 수 없이 예전 클라이언트들의 마케팅을 그때그때 도와주다가 차라리 사업자로 해보자고 마음먹고 1인 컨설팅 기업을 시작하게 된 것이죠.

여기서 김봉근 대표는 기획과 마케팅에 특화된 자신의 장점을 십분 발휘합니다. '맘마레시피'라는 브랜드로 엄마들을 위한 간식 박스 사업을 시작한 거예요. 육아 어매니티라고 해서 얼굴 부기를 빼주고, 숙면을 도와줄 간식 같은 것을 넣고 맞춤 메시지로 구성한 박스입니다. 그리고 여기에 아이들을 위한 색칠공부나 아이들이 좋아할 젤리 간식 등을 챙겨서 엄마가 먹는 동안 아이가 무언가 다른 것에 정신이 팔리게 했습니다.

하지만 이렇게 정성스럽게 준비했던 간식 박스가 처음에는 잘 안 나갔습니다. 엄마 입장에서는 아이가 울고 있는데 엄마만 이렇게 맛있는 것을 먹어도 되나 하는 미안함과 사회적 시선 같은 것이 있더라는 것이죠. 그래서 김봉근 대표는 마케터의 장점을 발휘해서 '엄마가 행복하니까 아이가 행복하다'는 메시지를 만듭니다.

엄마가 힘들고 짜증 나는 상태면 아이한테 아무리 좋은 것을 해줘도 그 좋은 것이 좋은 기운 그대로 전달되기는 힘들거든요. 그래서 엄마가 먼저 행복하고 그 행복함이 아이에게 전파되어야 효과가 제대로 나타나죠. 그리고 이 메시지는 사실 구매자와

mamma recipe

잇더컴퍼니의 대표상품 간식박스[39]

사용자의 이원화 메시지이기도 합니다. 엄마를 위해 구매하는 것
은 아빠나, 할아버지, 할머니, 친구들 같은 사람들이에요. 그래서
카카오톡 선물하기에 입점해서 임신, 출산 카테고리에서 1등을 하
게 되죠.

　　몸에 좋은 간식을 모아놓은 간식박스를 엄마의 마음이
라는 뜻의 '맘마'레시피로 만든 거죠. 간식박스의 성공 후에 김봉
근 대표는 가볍게 요리할 수 있는 상온 밀키트인 '끼니키트'를 만
들어 미국에도 진출합니다. 그 외에 '맘편한 쫀득이'나 '로얄 서밋'

같은 상품들을 연달아 선보이는데요. 여기서 중요한 것은 이 식품들의 패키징입니다. 직접 생산이나 조리에 뛰어들지 않고 자신의 장점인 큐레이션과 의미 부여에 힘을 써서, 평범할 수도 있는 상품을 의미 있는 상품으로 만들었습니다.

김봉근 대표는 자신의 회사를 식품 기업이나 유통 기업보다는 '콘텐츠푸드 전문회사'라고 부릅니다. 식품이나 유통, 물류보다는 자신의 전문 분야인 기획과 콘텐츠에 승부를 걸었다는 것이 회사를 분류할 때도 느껴지죠. 만약 어설프게 F&B나 유통기업들을 따라 했다면 지금처럼 성공하기는 힘들었을 것 같아요. 자기 강점을 집중적으로 파고들고 부각해서 지금처럼 큐레이션에 장점을 가진 기업이 된 것이죠.

장점을 강화하는 태도로 전환하기 의한
4단계 프로세스

약점보다는 강점 강화에 집중해야 한다는 생각은 머리로는 이해하지만 막상 실천에 들어가면 아무나 할 수 없어서, 야수의 심장을 가진 사람만이 할 수 있는 일이기도 해요. 약한 부분이 눈에 보이면 당장 거기로 새는 물을 막아야 할 것 같거든요. 하지만 물 새는 속도보다 더 빠른 속도로 물을 들이부을 수 있다면,

물 막는 데 들일 노력을 물 붓는 데 들이는 게 맞죠. 물이 새는 것을 막아봤자 유지가 고작이지만, 물 새는 속도보다 빠르게 물을 붓는다면, 물통의 물은 증가하거든요. 장점을 강화하는 태도로 전환하기 의한 4단계 프로세스를 살펴볼게요.

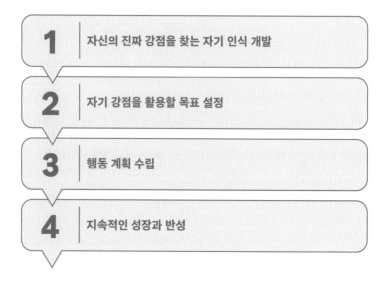

1 자신의 진짜 강점을 찾는 자기 인식 개발

2 자기 강점을 활용할 목표 설정

3 행동 계획 수립

4 지속적인 성장과 반성

❶ 자신의 진짜 강점을 찾는 자기 인식 개발

자기 인식은 자신의 강점, 약점, 감정, 동기, 가치관 등을 이해하고 인식하는 과정입니다. 이것은 자신을 더 잘 이해함으로써 더 효과적인 결정을 내리고, 강점을 활용하며, 개인적이고 전문적 성장을 촉진하는 데 중요합니다. 이를 위해서는 먼저 자기 평가 도구나 설문지(예를 들어 MBTI 검사나 강점 찾기 테스트)를 사용해 성향, 선호도, 강점 등을 평가하는 것도 좋은 방법입니다. 이런 것이 정량적인 평가라면 정성적인 평가로 동료, 친구, 멘토 등으로부터 정직한 피드백을 받을 수도 있습니다. 그리고 스스로 하는 주관적인 평가로 성찰일기를 쓰면서 주기적으로 자신의 경험, 감정, 반응 등을 기록하는 것도 방법입니다. 결국 나, 주변 사람들, 평가도구들을 종합적으로 활용해서 자신의 핵심 역량과 장점을 정확히 파악하는 일이 필요하다는 거죠.

예를 들어, 한 마케팅 전문가가 자기 인식을 통해 자신이 창의적인 아이디어를 내는 강점이 있음을 깨달았다고 가정합시다. 그는 자기 평가를 통해 창의적 사고와 새로운 아이디어 개발에 강점이 있다는 것을 확인했고, 동료들의 피드백을 통해 이러한 강점이 팀 프로젝트에서 매우 유용하게 활용될 수 있음을 알게 되었습니다. 그러니까 이 사람은 마케팅에서 확실하게 창의적인 아이디어를 내는 강점이 있는 사람인 겁니다.

❷ 자기 강점을 활용할 목표 설정

자신의 강점을 바탕으로 구체적이고 달성 가능한 목표를 설정합니다. 이 목표는 개인의 역량을 발전시키고 강점을 활용하는 데 초점을 맞추어야 합니다. 목표는 SMART 기준을 따릅니다. SMART는 구체적인specific, 측정 가능한measurable, 달성 가능한 achievable, 관련성 있는relevant, 시간제한이 있는time-bound 목표의 약 자입니다. 특히 장기적인 목표와 단기적인 목표를 분리해서 설정 할 필요가 있습니다. 이렇게 장·단기 목표를 분리해 놓으면 단계적 으로 목표에 다가갈 수 있습니다.

예를 들어 앞서 언급된 마케팅 전문가를 다시 소환하자 면 이 전문가는 자신의 창의적인 아이디어를 활용해 새로운 마케 팅 캠페인을 기획하는 것을 단기 목표로 설정할 수 있습니다. 장 기 목표는 이러한 기술을 사용해 마케팅팀의 리더로 성장하는 것 일 수 있습니다. 그는 이 목표를 달성하기 위해 특정 기간 창의적 인 아이디어를 매주 제시하고, 팀 미팅에서 이러한 아이디어를 공 유하는 등 구체적인 단계를 설정할 수 있습니다.

❸ 행동 계획 수립

자신의 강점을 강화하기 위해서 구체적으로 어떻게 행동 할지 계획을 수립합니다. 또한 업무나 비즈니스에서 자신의 강점 을 어떻게 적용할지도 생각해보는 거죠. 목표를 달성하기 위한 구 체적인 행동 계획을 수립하는 건데요. 이런 계획은 목표로 설정한 바를 실행에 옮기기 위한 로드맵을 생각하도록 유도하죠. 구체적 으로는 먼저 각 목표에 대해 달성해야 할 세부 단계를 정합니다.

항상 플랜 B를 가지고 있는 기획자

그리고 목표 달성을 위해 필요한 자원(시간, 돈, 지식, 네트워크 등)을 파악하고, 어떻게 활용할지를 계획하죠. 하지만 계획의 함정에 빠지지는 말아야 해요. 계획만 세우다 시간이 다 간다든가, 한번 세운 계획을 바뀐 상황이나 조건에도 적용하려고 애쓰다가 전반적으로 '폭망'하는 문제들이죠. 그래서 계획은 현실적인 상황 변화에 따라 수정될 수 있어야 합니다. 처음부터 목표 달성을 위한 다양한 경로를 고려해야 합니다, 항상 플랜 B를 가지고 있어야 한다는 거죠.

다시 마케팅 전문가를 예로 들어본다면, 새로운 마케팅 캠페인을 기획하는 목표를 세웠을 때 그의 행동 계획은 다음과 같을 수 있습니다. '창의적인 아이디어를 발전시키기 위한 하루 30

분의 브레인스토밍' '시장 조사 및 경쟁사 분석을 위해 매주 5시간 할애하기' '창의적인 캠페인 아이디어를 개발하기 위한 팀 회의 주최' 같은 것들이 구체적인 계획입니다.

❹ 지속적인 성장과 반성

목표 달성 과정에서 얻은 교훈을 통해 계속 성장하고, 정기적으로 자신의 진행 상황을 평가하는 단계입니다. 성공이든 실패든 일을 한번 주체적으로 치러보고 나면 사람은 반드시 성장합니다. 성공했다면 성공의 비결을 안 거고, 실패했다면 값진 교훈을 얻은 거예요. 다만 이 비결과 교훈은 모두 미래에 반영되어야 비로소 그 값을 합니다.

정기적으로 자신을 평가하거나 관련된 주변 인물들로부터 피드백을 받는 것도 좋습니다. 물론 이런 경우 너무 진지하면 부담스러울 수 있으니 커피 브레이크 시간에 가볍게 대화를 통해 확인해가는 것이 좋을 듯합니다.

이러한 지속적인 성장과 반성의 과정은 개인이 자신의 강점을 더욱 효과적으로 활용하고, 장기적인 개인적 및 전문적 발전을 이루는 데 도움이 됩니다.

12 | 돈을 좇는 태도에서
시간을 좇는 태도로

빌 게이츠와 100달러

〈인타임〉이라는 영화가 있습니다. 영화의 배경은 시간이 돈이 되는 미래 세상인데요. 사람들은 25세가 되면 성장과 노화를 멈추게 됩니다. 그 이후부터는 수명을 거래하면서 살아간다는 설정이죠. 남은 수명이 자기 손목에 표시되는데, 버스를 타고 음식을 사고, 월급을 받는 모든 수입과 지출이 이 수명으로 이루어져요. 가난한 사람들은 하루나 이틀 정도의 수명밖에 없어서, 고된 노동으로 하루하루 수명을 연장해갑니다. 그래서 가난한 사람들은 항상 뜁니다. 시간이 아까우니까요. 하지만 부유한 사람들은 몇백 년, 몇 만 년의 수명이 있습니다. 여유가 있죠. 이 영화의 줄거리는 그런 부자들의 은행에서 시간을 털어서 시간이 없는 가난한 사람들에게 나누어주는 두 남녀의 이야기입니다.

흥미로운 설정이죠. 시간을 거래하고 저축하고 나눠 쓸 수 있다면, 확실히 돈보다도 더욱 확실한 재화 기능을 할 것 같아요. 더 귀하고 한정적이고, 국가가 필요하다고 막 발행할 수도 없으니까요.

처음 영화를 보면 재미있는 상상력이라는 생각이 들지만, 곰곰이 생각해보면 이게 상상이 아닌 현실인 면도 있죠. 돈 주고도 못 사는 게 시간이라고 하지만, 현대의 기술문명은 어느 정도는 돈으로 시간을 살 수 있게 만들었어요. 그렇다고 수명 몇백 년어치를 사거나 할 수는 없지만, 이동할 때 버스나 배 대신 비행기를 타는 것은 그만큼 시간을 아끼는 행위거든요. 그리고 이코노미석을 타면 좀 불편하게 가는데, 일등석을 타고 편안하게 휴식을 취하면서 가면 좋은 컨디션을 유지할 수 있어서 목적지에 도착한 뒤에 생생하게 일할 수 있잖아요. 프로듀서이자 가수 박진영은 한 예능 프로그램에 나와서 자신은 무조건 일등석만 타는데, 그 이유는 좌석에 음악 장비들을 쫙 펼쳐놓고 곡을 쓰기 위해서라고 밝힌 바 있습니다. 이런 것이 바로 시간을 사는 행위가 되는 것입니다.

그런데 달리 보면 이 정도로만 소소하게 시간을 살 수 있지, 몇백 년의 시간을 사거나 파는 일은 다행히도 아직까지는 불가능합니다. 돈이 있고 없음의 차이는 어마무시하게 날 수도 있지만, 각자가 가진 시간은 아직 양극화를 논할 정도로 심하게 차이 나는 것은 아니거든요.

그러니까 시간은 가장 값진 재화예요. 모든 사람이 비슷하게 가지고 있다는 점에서 그렇죠. 부자의 100만 원과 가난한 사람의 100만 원은 의미가 다르죠. 부자에게는 1시간 잘 놀 수 있는 돈일 수 있지만, 가난한 사람에게는 한 달 생활비일 수도 있거든요. 하지만 부자의 1시간은 3시간처럼 흘러가고, 가난한 사람의 1시간은 30분처럼 흘러가는 것은 아니거든요. 그러니 시간을 소비하는 행위는 매우 중요합니다.

한때 서양권에서는 '빌 게이츠와 100달러'라는 농담이 유행한 적이 있었는데요. 빌 게이츠가 길을 가다가 100달러짜리 지폐가 떨어진 것을 발견했다면 줍지 않는 것이 오히려 합리적이라는 것이죠. 돈을 줍느라고 허리를 굽혔다 펴면 약 2.5초 정도가 소요되는데, 빌 게이츠의 연봉과 재산을 계산해보면 돈을 줍느라 2.5초를 보내느니 가던 길을 가는 편이 오히려 더 이득이라는 이야기입니다.[40] (이런 게 농담이라니, 100번 구부리면 100달러를 주겠다고 해도 줄을 설 일반인들이 즐기기에 최적화된 농담은 아니네요.)

이 농담은 빌 게이츠가 레딧Reddit이라는 플랫폼의 '무엇

땅에 떨어진 100달러를 주워야 할까?

이든 물어보세요' 코너에서 한 네티즌의 '땅에 떨어진 100달러 지
폐를 발견하면 줍겠느냐?'라는 질문에 "당연히 줍겠다"고 답하면
서 일단락 지어졌습니다.[41] 심지어 매일 밤 설거지도 자신이 한다
고 덧붙였는데, 시간을 아끼기 위해 비행기를 구입한 인물의 말이
라서 설거지 이야기는 효율의 관점이라기보다는 정서적 관점에서
붙인 말 같기는 하죠.

시간이 갈수록 시간은 중요한 재화가 된다

시간은 점점 중요한 재화가 되어가고 있습니다. 퇴근 후 3
시간을 어떻게 보낼 것인가에 사람들은 신중할 수밖에 없죠. 돈

을 쓰는 것이면 상대적으로 부유한 사람들은 얼마든지 자기 소비를 늘릴 수 있거든요. 한꺼번에 이것저것을 살 수 있단 말이죠. 그런데 시간을 쓰는 것은 배타적 점유입니다. 한 번에 하나밖에 못해요. 그것이 운동이 될 수도 있고, 영화 관람이 될 수도 있고, 게임이 될 수도 있으며, 독서가 될 수도 있고, 맛집 탐방이나 SNS 업로드하기가 될 수도 있습니다. 그래서 나이키의 경쟁자는 아디다스가 아닌 닌텐도라는 이야기가 나오는 것이죠. 같은 카테고리 안에서 어떤 브랜드를 소비하느냐의 문제가 아닌, 더욱 큰 개념에서 소비자가 어떻게 시간을 쓸 것인가의 문제거든요. 운동을 하든 게임을 하든, 하나를 선택해야 합니다.

소비자의 시간을 어떻게 확보할 것인가가 비즈니스에서는 가장 중요한 이슈가 되어가고 있습니다. 서울 근교의 대표적인 쇼핑몰 중 하나가 스타필드죠. 신세계가 스타필드 하남을 2016년에 공개할 때, 당시 그 사업을 주도했던 정용진 부회장은 이렇게 말했어요.

"이제부터는 유통업의 경쟁 상대는 유통 업체가 아니라 테마파크나 야구장이다. 유통업의 미래는 업체 간 마켓 셰어(시장 점유율)가 아니라 고객의 일상 시간을 점유하는 라이프 셰어에 달려 있다."

각종 비즈니스는 고객의 돈보다는 시간을 확보하는 전략

으로 우리에게 다가옵니다. 다른 면에서 보자면 소비자인 우리는 시간을 세이브하기가 그만큼 어렵다는 말이에요. 시간을 훔쳐 가려는 각종 지뢰들이 깔려 있으니까요. SNS든 게임이든 시간의 블랙홀 같은 것들이 계속 우리 앞길에 갈수록 정교하게 다듬어진 모습으로 나타나니까, 자신도 모르게 자꾸 시간을 가져다 바치게 되거든요.

그래서 우리 생활 속에 자신이 컨트롤할 수 있는 시간을 최대한 확보하고 그것을 필요한 곳에 적절하게 사용할 수 있다면, 빵빵한 자본금을 가진 것보다 더욱더 유리할 수 있습니다. 자신에게 돈은 없지만 시간은 누구에게나 있기 때문에 시간이라는 자산은 귀해 보이지 않습니다. 특히 젊을 때는 시간이 무한대로 주어진 느낌이기 때문에, 시간을 효과적으로 소비하지 못하는 경향이 있죠. 하지만 나이가 들면 시간이라는 자산이 줄어드는 것이 몸으로 느껴지기 때문에 (앉고 일어설 때마다 저절로 효과음을 입에서 내는 정도의 나이가 되면) 시간을 아쉬워하는데, 문제는 아무리 노력해도 시간은 더 이상 늘어나지 않는다는 것이죠. 이 정도가 되면 시간은 가장 귀한 자산이 됩니다. 성공한 사람들이 자주 하는 말이 "하루가 48시간이었으면…" "몸이 10개라면 좋겠다" 같은 말들인데, 그만큼 자신이 쓸 수 있는 시간의 한계가 느껴져 아쉽다는 뜻이거든요.

그래서 시간의 소중함을 미리 깨닫고 자신의 가치를 시간에 둔다면 더 나은 성공의 트랙에 올라탈 수 있습니다. 돈을 좇기보다는 시간을 좇는 태도를 가지는 것이죠. 그러면 기업이나 개인의 발전도 더욱더 지속가능한 방향으로 나아갈 수 있어요.

시간을 좇는 태도라는 것은?

돈을 좇지 않고 시간을 좇는다는 것은 어떤 의미일까요? 미시적으로는 같은 선택이라도 시간을 더 효과적으로 쓸 수 있는 방향의 선택을 반복하는 것입니다. 넷플릭스에는 '모든 것을 넷플릭스에 유리한 방향으로 결정하라'는 단 하나의 지침만 있을 뿐 자세한 규칙이 없다고 하죠. 신입사원이 해외 출장을 가는데 비행기를 일등석으로 타고 싶으면 회삿돈으로 탈 수 있다고 합니다. 그 이유가 상대방과의 협상에서 좋은 컨디션을 유지해서 넷플릭스에 유리한 계약을 이끌어낼 수 있다면 말이죠.

버스 타고 지하철 갈아타고 힘들게 집에 돌아가서 픽 쓰러져 자는 것보다, 택시를 타고 편하게 와서 남는 체력으로 하루에 1시간씩 자기 미래를 위해 투자할 만한 일을 한다면 택시를 타는 것이 더 나은 선택인 거죠. 이 경우에는 비용을 더 지불하고 1시간을 사는 것이나 마찬가지니까요.

그리고 거시적으로 보면 돈을 확보하기보다는 시간을 확보할 수 있는 방향으로 내비게이션을 맞춰놓아야 합니다. 직장인이라면 직장의 거취 문제도 이런 큰 방향에 속하는 결정이 되겠죠. 하고 싶은 일과 지금 하는 일의 괴리감이 상당하고, 직장 때문에 하고 싶은 일을 못 할 지경이라면, 이것은 말하자면 돈과 시간 사이의 선택이거든요.

그렇다고 무턱대고 직장을 그만두고 하고 싶은 일에 몰두하라는 것은 아닙니다. 가장 중요한 전제 조건은 이렇게 확보한 시간을 충분히 효과적이고 합리적으로 사용할 수 있는 상태가 되어 있어야 한다는 것입니다. 택시를 타면서 절약한 1시간을 SNS를 보는 데 낭비하고, 직장을 그만두고 얻은 시간적 자유를 방바닥에만 흩뿌리고 있다면 시간을 선택한 것은 결코 좋은 선택일 수 없습니다. 돈이 완성형 재화라면 시간은 성장형 재화거든요. 돈은 가지면 그것으로 바로 사용하고 가치를 축적할 수 있는데, 시간은 그것을 확보했다고 해서 끝이 아닙니다. 그 시간을 활용해서 무언가를 했을 때 그것이 돈보다 더 크게 될 가능성이 있기 때문에 중요한 것인데 그 시간을 활용하지 않을 거면 차라리 그 시간에 돈을 버는 편이 낫죠.

따라서 시간을 선택할 때는 그 시간을 활용해서 무엇을 하겠다는 전략과 실천 의지가 따라야 합니다. 그렇지 않으면 그냥 대책 없는 사람이 될 수도 있습니다. 잘 다니던 직장 갑자기 그만두고 백수로 놀겠다고 하면 그것은 폭탄선언이 아닌, 그냥 폭탄입니다.

그러니 처음부터 시간을 확보하겠다면서 과격한 선택을 하기보다는 일상에서 시간을 아끼는 태도를 갖는 편이 좋습니다. 지하철 타고 가는 시간에 아무것도 안하기보다는 책을 읽거나, 영상으로 지식을 쌓거나 무언가를 할 수 있게 준비하고 타는 거죠. 약속 시간에 일찍 도착해서 SNS에 시간을 낭비하지 말고 그 자투리 시간을 잘 활용할 방법을 찾아야 시간을 선택하는 결정이 빛나는 것이죠. SNS를 하지 말라는 것이 아니라 지나치게 하지 말라는 것입니다. 피드에 10분만 머물러도 지인들의 근황을 살펴볼 수 있는데, 하다 보면 60분간 남의 집 강아지 애교나 누군가가 지나치게 많이 먹는 모습을 보면서 시간을 흘려보내게 되거든요.

돈보다는 관련 경험을 확보하는 데 시간을 쓰자

500가지 디저트를 전국으로 직배송하는 하이푸드의 이은성 대표는 어려서부터 무역에 관계된 비즈니스를 창업하려는 꿈을 가졌어요. 그러다 보니 창업하는 순간까지 돈보다는 관련 경험을 확보하는 데 투자를 합니다.

대학은 무역 관련 학과로 갔지만 1, 2학년 때는 공부보다
는 대외활동을 많이 했는데요. 그중에서도 연극에 큰 비중을 두
었습니다. 아들을 기대하던 딸 많은 집에서 자라다 보니 어려서
부터 주눅이 든 성격을 고치고자 연극을 했던 거죠. 그리고 3, 4학
년 때는 무역에 관련된 자격증도 따고 영어도 열심히 하는 등 관
련 준비를 해요. 하지만 바로 창업을 한 것은 아니고, 졸업하고 나
서 회사에 들어갑니다. 첫 직장은 다이소였고, 곧 하이트진로에
입사하는데, 여기서 3년 정도 술 영업을 합니다. 아침을 진로 석수
로 시작해서 참이슬로 저녁을 끝내는 시간들이 이어졌습니다. 그
러다 보니 육체적으로 힘들고 많이 지치게 되어서, 일을 그만두고
하와이로 건너가죠.

그냥 놀러 간 것은 아니고, 하와이에서 2년 정도 식품 수
입하는 회사에 근무하며, 관련 경험을 쌓았죠. 그리고 한국에 다
시 돌아와서 여덟 군데 정도의 회사에 다녔는데, 목표가 사업이었
기 때문에 한곳에서 경력을 쌓고 승진해서 돈을 버는 선택을 하
기보다는 여러 곳에서 다양한 경험을 쌓으며 창업을 준비한 것입
니다.

영업에 무역에 경영지원 등 다양한 경험들을 쌓으면서 이
은성 대표는 10여 년 정도의 수련 기간을 스스로 가졌어요. 처음
직장생활 시작했을 때부터 10년 정도의 수련 기간을 자신이 설정

하이푸드의 이은성 대표가 〈빨간토끼〉에서 인터뷰하는 모습

했는데, 실제로 10년 8개월 정도 되는 시점에서 본격적인 창업을 하게 된 겁니다. 재미있는 것은 이은성 대표가 창업을 위해 경험을 쌓았지 자금을 쌓은 것은 아니어서, 창업 초창기에는 자본금이 별로 없었다는 거예요. 오히려 '창업자금은 초창기에 많을수록 더 날려 먹기 쉽다'는 생각하에 좋은 창업 아이템만 믿고 창업을 본격화한 것이죠.

하지만 여기에는 반전이 하나 있습니다. 회사를 그만둔 것은 이 시기지만 실제 창업은 좀 전부터 이루어지고 있었다는 거죠. 본격적인 것은 아니지만 소극적인 것도 아니어서 온라인상에서 무언가를 팔아보면서 경험을 쌓으며 창업 테스트를 하기 시작했고, 어느 정도 감이 잡히자, 이제는 되겠다 싶을 때 회사를 나와서 자신의 비즈니스를 시작했습니다.

나를 위한 시간의 가치 투자하기

이은성 대표의 사례에서 보면 창업이라는 방향성이 일찌 감치 있었기 때문에, 자신이 생각한 10년의 시간을 돈을 좇지 않고 시간을 좇은 거죠. 그렇게 확보한 시간은 창업을 뒷받침할 경험을 쌓는 데 투자한 것이고요. 대기업부터 외국계 기업까지, 그냥 안정적으로 돈을 벌면서 다니려면 다닐 수도 있는 직장을 몇 년 만에 그만두고, 크고 작은 기업들로 계속 이직한 것은 이런 명확한 기조가 없었다면 쉽지 않은 행보였을 것입니다. 지금부터 10~20여 년 전이지만, 당시만 해도 이직에 대해 매우 부정적일 때라, 배신자 같은 느낌으로 이직자들을 대하고는 했거든요. 무역이라는 명확한 기조가 있으니, 이런 풍조에도 흔들리지 않고 그 방향을 향해서 효과적으로 이직한 것이죠.

이은성 대표의 경우에는 매우 명확한 목표가 있어 흔들리지 않고 시간 사용을 효과적으로 했다고 볼 수 있습니다. 그런 면에서 보자면 명확한 목표가 잡히지 않으면 시간을 효과적으로 쓰기 어려운 것 아닌가 하는 생각이 들기도 하는데요. 꼭 그렇지도 않은 게, 이은성 대표가 대학 1, 2학년 때 공부보다 연극을 택한 것은 명확한 비즈니스에 의한 필요라기보다는 약점이 될 수 있는 성격을 고치는 데 시간을 투자한 것이거든요. 그러니 이런 시간 투자는 명확한 목표가 아니더라도, 자신의 어떤 부분을 조금 더 나아지게 하는 데 시간을 활용한 것이죠.

지식의 깊이를 더하기 위해 독서를 할 수도 있고, 통찰의 폭을 넓히기 위해 토론 모임을 할 수도 있습니다. 관계의 다양성을 확보하기 위해 네트워킹 파티에 참석할 수도 있고, 마음을 힐링하는 휴식을 위해 고급 호텔에서 시간을 보낼 수도 있을 것입니다. 나를 위한 가치 투자에 시간을 보내는 것은 미래의 나에게 지금의 내가 보내는 선물입니다.

시간을 좇는 태도로 전환하는
4단계 프로세스

시간을 잘 활용하자는 생각은 나이가 들면서 자기 병 속에 남은 시간이 이제 반밖에 안 남았다는 자각이 오면 (지금까지 사용한 시간보다 앞으로 남은 시간이 적을 것이라는 생각), 그제야 비로소 울려 퍼지는 경고등입니다. 그런데 이런 경고등이 들어오기 전에 먼저 시간을 좇는 태도로 전환한다면 그만큼 효과적으로 미래에 대비할 수 있을 것입니다.

시간을 좇는 태도로 전환하는 4단계 프로세스를 살펴보겠습니다.

1	자신이 하는 일에 대한 재평가
2	일의 우선순위 설정
3	계획, 실행 및 평가
4	80 대 20의 원칙 세우기

❶ 자신이 하는 일에 대한 재평가

자기 삶에서 무엇이 가장 중요한지 생각해보고, 시간과 돈의 가치에 대해서도 다시 생각해봅니다. 중요한 것은 일단 자신이 삶에서 가장 중요하게 생각하는 게 무엇인지 깨닫는 것이죠. 바로 이 가치를 위해서 시간 사용 계획을 설계해야 하거든요.

그것이 일의 성공일 수도 있고, 개인적인 즐거움 아니면 가족 단위의 행복일 수도 있어요. 개인마다 이 가치는 다를 수 있으니까요. 이 방향성이 어느 정도 세워지면 자신이 지금 하는 일들을 정리해봅니다. 시간을 주기적으로 사용하는 일들은 어떤 것들인지 한번 나열해보는 것이죠.

직장, 동호회, 취미생활, 술자리, 운동, SNS, OTT 시청, 데이트, 아이들과 시간 보내기, 요리, 가사 등 다양한 일들이 나열되는데요. 이런 일들에 일주일 단위로 시간을 얼마나 쓰는지 평균을 체크해보는 것입니다.

❷ 일의 우선순위 설정

일을 나눌 때는 여러 기준이 있을 수 있어요. 급박함과 중요함, 선호도와 즐거움 등이죠. 우선 급박함이라는 것은 당장 처리해야 하느냐의 문제기 때문에 이 급박함은 일을 나누는 기준의 한 축이 됩니다. 그리고 다른 한 축은 자신의 기준에 따라 설정하게 돼요.

보통은 어떤 일을 할 때 실천의 기준이 되는 것은 급박함의 정도와 중요함의 정도여서 이 두 가지 기준으로 나눕니다. 하지만 중요하건 말건 자신은 자신의 즐거움이 먼저라고 생각하는 분은 중요함이라는 기준 대신 즐거움이라는 기준을 세워도 상관없습니다. 어차피 자기 인생을 설계하는 것이니까요. 방송인 노홍철처럼 '재미없는 일은 가치가 없는 일'이라는 가치관을 가질 수도 있잖아요.

그렇게 자신의 가치관이 확고하다면 한 축으로 그 가치관을 놓으면 되고, 아니라면 보통 인생의 중요함의 정도를 한 축으로

할 수 있어요. 그리고 자신이 하는 일을 이 기준에 맞게 재정렬해 보는 것이죠.

급박하고 중요한 일, 급박하지만 중요하지는 않은 일, 급박하지 않지만 중요한 일, 급박하지 않고 중요하지도 않은 일로 나누는 거죠. 그러면 일의 우선순위가 쉽게 결정됩니다. 당연히 급박하고 중요한 일부터 해야 하죠. 그리고 급박하지도 않고 중요하지도 않은 일은 쓰레기통으로 던져 넣으면 되고요. 그다음이 문제인데 급박하기는 한데 중요하지 않은 일과 급박하지 않지만 중요한 일 중에 어떤 것을 할까의 문제입니다.

보통은 급박하지만 중요하지 않은 일보다, 급박하지 않지만 중요한 일부터 하는 것이 옳다고 말하는데, 이것을 일률적으로 적용할 수는 없어요. 왜냐하면 급박한 일은 말 그대로 당장 처리해야 하는 '급박'한 일이니까요. 이 급박이라는 것이 마감일 수도 있고, 납부 기한일 수도 있습니다. 예를 들어 과태료 납부 마감이 1시간 남았어요. 이 경우에는 아주 중요한 일이라고 할 수는 없죠. 약간의 추가금을 내고 다음에 내도 되거든요. 하지만 급박하기는 하잖아요. 중요하지는 않더라도 당장 급박한 것부터 처리해야 할 때도 있습니다. 개별적인 상황과 조건들에 따라서 결정해야 하죠.

다만 어느 정도 시간 여유가 있을 때, 아니면 시간 여유를 억지로 빼서라도, 급박하지 않아서 미뤄둔 중요한 일을 찾아서 해야 한다는 것입니다. 자신이 나중에 미국 시장에서 무언가 하고 싶은 일이 있다고 하면 시간을 빼서 미국 친구들을 사귀고, 영어를 익히고, 미국 여행을 가보는 등 준비할 시간이 필요한 것처럼요.

그리고 중요한 일이라는 기준도 문제인데요. 어떤 일을 중요한 기준에 두느냐가 사람마다 다릅니다. 앞서 개인적인 즐거움이 이 중요함을 대체하는 축이 될 수도 있다고 했는데, 조금 더 생각해보면 대체된 것이 아니라 중요함을 즐거움으로 규정한 것이기도 하죠. 그렇게 보면 중요함의 기준이 개인마다 다르기 때문에 이 중요함의 규정이 훨씬 어려운 겁니다. 그게 성공이나 성취일 수도 있고, 가족일 수도 있고, 자아실현일 수도 있어요. 이에 대해 먼저 자각을 분명히 하고 자신에게 중요한 일이 무엇인가를 꼽아보는 것입니다.

가족이 중요하다면 아이들과 시간 보내는 것은 매우 필요한 일이 되고 술자리는 조금 덜 중요한 일이 되겠죠. 반면 사회적 성공이 중요하다면 요리는 조금 뒤로 밀리고, 네트워킹을 위한 술자리가 더 필요한 일이 될 수도 있습니다.

물론 여러 개의 역할을 수행해야 하는 현대인이 예·아니오의 방식으로 일을 재단할 수는 없지요. 하지만 단 한 번도 안 해본 것이니까, 이런 식으로 자기 일을 재평가해보며 일에 대한 자신의 시간 투자가 올바른지 한번 체크해보는 의미도 있습니다.

	급박함	덜 급박함
중요함		
덜 중요함		

❸ 계획, 실행 및 평가

모든 일을 명확하게 재단할 수는 없지만(일이 중요하다고 해서 아이들과 함께하는 가정의 소중함을 내버릴 수는 없으니까요), 그래도 이런 과정을 거치면 중요하지도 않고 급박하지도 않은 일들은 눈에 들어옵니다. 아마 SNS나 OTT 시청, 인터넷 서핑, 웹툰 구독 같은 일들이 눈에 띌 거예요. 이런 일들을 정리하고 시간을 더욱더 효과적으로 사용할 계획을 세울 수 있습니다.

조금 더 적극적으로는 우선순위에 따라 시간을 할당하고, 구체적인 시간 관리 계획을 수립하고, 일정 관리 도구를 활용해 계획을 실천할 수도 있죠. 하루 중 집중력이 가장 높은 시간을 파악해서, 그 시간에 가장 중요한 작업이나 활동을 배치하는 것도 시간 관리 계획의 일부입니다. 회사에는 집중업무 시간이 있고, 프리랜서들도 자기 작업에 몰두하는 시간을 따로 빼놓기도 하거든요.

세계적인 소설가 무라카미 하루키는《직업으로서의 소설가》에서 자칫 나태해지기 쉬운 프리랜서 생활을 잘 유지하는 비결에 관해서 한결같은 시간 관리를 비결로 알려준 적이 있어요. 그는 새벽 4시에 일어나서 12시까지 글을 씁니다. 매일매일 일정 분량 이상을 쓰는데, 어떤 날은 글이 정말 안 써져도 분량을 억지로 채우고, 또 어떤 날은 글이 정말 잘 써져도 딱 그 분량만큼만 하는 거예요. 그리고 점심을 먹고 저녁 9시까지 자유시간을 가집니다. 이때 보통 10킬로미터 정도 달리기를 하고 재즈를 듣죠. 그리고 저녁 9시에 자고요.[42] 글이라는 중요함에 초점을 맞추고, 다른 시간 계획을 짜 넣은 것인데요. 보통 이런 루틴을 지키다 보니 하루키는 일본에서도 언론 인터뷰나 대외활동을 안 하는 것으로 유명하죠. 글로만 승부를 보는 스타일인 거예요.

하루키는 젊은 시절 재즈바를 운영한 적도 있으니, 저런 루틴을 처음부터 실시한 것은 아니겠죠. 달리기는 소설가로 살면서 취미를 붙인 것이라고 하니 이 또한 처음부터의 루틴은 아니었을 것입니다. 오랜 세월 소설을 쓰면서 자신의 루틴을 만들어온 것이죠. 우리 역시 하루키처럼 시간 계획 역시 한번에 최적의 프로세스를 세운다기보다는 해나가면서 수정하고 덧붙이고 삭제하면서 가장 적절한 것을 찾아다니는 피드백과 최적화의 과정이 필요합니다. 한번에 완벽한 계획을 세우려 하기보다는 일단 해보면서 실천적으로 자신에게 딱 맞는 시간 관리 계획을 찾는 것이 좋다는 것이죠.

❹ 80 대 20의 원칙 세우기

한 가지 시간 관리 계획의 함정이 있어요. 루틴이 만들어지고, 모든 일에 우선순위가 정해진다는 것은 새로운 것에 취약하다는 뜻도 숨어 있습니다. 새로운 일이 등장하면 그 일이 내 일의 우선순위 어디쯤에 해당하는지 평가하고 중요성에 따라 재배열하고, 때로는 루틴을 바꾸기도 해야 하거든요. 루틴이라는 것은 익숙해서 루틴인데, 이것을 바꾸려 하면 보통은 스트레스를 유발합니다. 그래서 새로운 일에 눈감게 되고, 하던 일에 매몰되는 경향이 생기죠.

하지만 이렇게 되면 미래가 없습니다. 신기술이 금방금방 나오고 그에 따라 사회가 바뀌고 생활패턴이 바뀌는 이 시대에 일상이라는 루틴에 매몰되면 미래보다는 현재만을 살게 되죠. 그런데 그런 태도는 언젠가는 자신의 현재가 될 미래를 없애는 것이다 보니, 결국 자신의 현재마저 갉아먹는 태도예요.

그래서 필요한 방법이 80 대 20의 법칙입니다. 80의 시간은 현재의 일에 투자하고, 20의 일은 미래의 일에 투자하는 것입니다. 조금 더 쉽게 말하면 당장 돈 되는 일에 80의 시간을 쏟는 것이고, 당장 돈은 안 되지만 미래에 가능성 있는 일, 아니면 미래를 대비하는 좋은 경험이 되는 일에 20의 시간을 쓰는 것이죠. 앞서 이은성 대표는 회사에 다니며 월급 받는 만큼의 일을 해서 성과를 냈지만, 분명 자신의 미래 창업을 위한 시간 투자를 같이 한 셈이에요. 특히 마지막에는 회사에 다니면서 투잡으로 비즈니스를 벌이기도 했으니까요.

바쁘지만 사람들을 만나는 것도 미래에 20의 투자를 하는 일이고, 책을 읽거나 강연을 찾아 듣는 것도 20에 투자하는 일입니다. 주변에서 '나중에는 필요한 것은 알겠지만, 그때 가서 하면 되지 왜 지금 돈도 안 되고 힘만 드는데 그 일을 하고 있냐?'고 묻는다면, 올바른 방향으로 가고 있다고 생각하시면 됩니다. 그 일이 필요할 때는 모두가 그 일에 뛰어들기 때문에 그 시기에 같이 시작하는 사람은 경쟁력 가지기가 힘들거든요.

예를 들어 유튜브 같은 경우도 2017년쯤에 시작해서 전문성 있는 주제로 꾸준히 해왔다면 상당히 많은 구독자를 모은 대형 채널이 되어 있을 확률이 높아요. 하지만 2017년에 잘나가는 마케터가 자신의 커리어 쌓을 시간을 떼서 유튜브를 했다면 주위 사람들이 쓸데없는 짓 하지 말라고 말렸을 확률도 높습니다. 유튜브가 본격적으로 일반에 알려진 것은 2018~2019년 정도부터고, 특히 코로나 때 엄청나게 많은 쏠림이 있었기 때문이죠. 이는 지금도 계속되고 있어서 심지어 연예인이 채널을 개설해도 구독자가 잘 모이지 않는 지경에 이르렀습니다. 같은 시간을 투자했다면 초창기에 투자한 것과 지금 투자하는 것은 그야말로 박탈감이 느껴질 정도로 차이가 큰 거죠.

지금 역시 마찬가지입니다. AI일 수도 있고, 케이컬처K-Culture일 수도 있고, 콘텐츠 비즈니스나 커뮤니티 비즈니스일 수도 있습니다. 미래의 빛나는 순간을 위해 지금 시간을 들여 대비해야 할 것이 있나 우선 살펴야 합니다. 일의 우선순위를 정할 때 단기적으로야 얼마든지 급박함이나 중요함 같은 가치를 가지고 정할 수 있지만, 멀리 보면 그 중요함의 가장 앞머리에는 미래 변화의 지향점이 겹쳐 있어야 할 것입니다. 그 지향점에 정확하게 이르는 길을 모르니 우리는 좌충우돌할 수밖에 없습니다. 그렇더라도 그 방향성에 맞는 전진에 대해서는 지금 시간의 20퍼센트 정도는 투자해야 한다는 것을 잊지 말기 바랍니다.

주석

1 https://www.hankyung.com/article/202310119108i
2 https://www.dt.co.kr/contents.html?article_no=2023110502109958063007&r
   ef=naver
3 GM 크루즈 홈페이지 https://getcruise.com/
4 도제 홈페이지 http://www.doje255.com/about/
5 https://www.youtube.com/watch?v=zUq1buE0iEg
6 https://namu.wiki/w/%EC%84%B8%EA%B3%84%ED%96%89%EB%B3%B5%E
   B%B3%B4%EA%B3%A0%EC%84%9C
7 https://commons.wikimedia.org/wiki/File:A_color_coded_map_of_the_world_
   levels_of_happiness_as_measured_by_the_World_Happiness_Index_
   (2023).svg
8 행복의 기원 (서은국, 21세기 북스, 2021)
9 https://blog.naver.com/feelmission/223221846461
10 https://blog.naver.com/leekyung21c/220940854751
11 https://www.youtube.com/watch?v=0zlpTXabUzw
12 https://ai-inform.tistory.com/entry/MS-%EC%BD%94%ED%8
   C%8C%EC%9D%BC%EB%9F%BFCopilot%EC%9D%B4%EB%
   9E%80-Microsoft%EA%B0%80-%EB%B0%94%EA%BF%80-
   %EB%AF%B8%EB%9E%98
13 https://www.youtube.com/watch?v=6KrfY-Zrliw
14 https://trends.google.com/home?hl=ko&geo=KR
15 https://www.bobaedream.co.kr/view?code=bbstory&No=314
16 기브 앤 테이크 (애덤 그랜트, 생각연구소, 2013)
17 작가 소장

18 https://m.mk.co.kr/amp/6186632

19 사유의 서재 제공

20 https://www.korea.kr/news/policyNewsView.do?newsId=148921558

21 https://commons.wikimedia.org/wiki/File:Round_Table,_Winchester_4.jpg

22 https://namu.wiki/w/%EC%9B%90%ED%83%81%EC%9D%98%20
    %EA%B8%B0%EC%82%AC

23 젊은 꼰대가 온다 (이민영, 크레타, 2022)

24 https://www.youtube.com/watch?v=dzPylsSomkk&t=11s

25 작가 소장

26 http://www.beopbo.com/news/articleView.html?idxno=94951

27 https://namu.wiki/w/%EC%A3%BC%EC%9D%B8%EA%B3%B5

28 https://blog.naver.com/remedies/222881776559

29 https://www.youtube.com/watch?v=YacEHVfp7AQ

30 https://sports.khan.co.kr/sports/sk_index.html?art_
    id=201901031556003&sec_id=510301&pt=nv

31 https://play.google.com/store/apps/details?id=com.wemakeprice.cupping

32 https://ko.wikipedia.org/wiki/%EC%95%B5%EA%B8%80%EB%A1%9C%EC%
    83%89%EC%8A%A8%EC%9D%B8

33 https://ko.wikipedia.org/wiki/%EC%95%84%EC%9D%BC%EB%9E%9C%EB%
    93%9C%EA%B3%84_%EB%AF%B8%EA%B5%AD%EC%9D%B8

34 https://namu.wiki/w/%EC%95%84%EC%9D%BC%EB%9E%9C%EB%93%
    9C%20%EB%8C%80%EA%B8%B0%EA%B7%BC

35 청춘닭꼬치 제공

36 도둑맞은 집중력 (요한 하리, 어크로스, 2023)

37 일론 머스크 (월터 아이작슨, 21세기 북스, 2023)

38 https://www.hankyung.com/article/202308083029i

39 맘마레시피 홈페이지 https://mammarecipe.com/index.html

40 https://www.fnnews.com/news/202310241631281644

41 http://www.segyefn.com/newsView/20140211022710

42 직업으로서의 소설가 (무라카미 하루키

태세 전환

초판 1쇄 발행 2024년 3월 20일

지은이 이시한 김진수
펴낸이 안병현 김상훈
본부장 이승은 **총괄** 박동옥 **편집장** 임세미
책임편집 김혜영 **디자인** 김지연
마케팅 신대섭 배태욱 김수연 **제작** 조화연

펴낸곳 주식회사 교보문고
등록 제406-2008-000090호(2008년 12월 5일)
주소 경기도 파주시 문발로 249
전화 대표전화 1544-1900 **주문** 02)3156-3665 **팩스** 0502)987-5725

ISBN 979-11-7061-105-9 (03190)